Noch nie hat es in der Geschichte der Menschheit ein Verbrechen gegeben, und es gab viele, das mit dem Holocaust vergleichbar wäre.

Dennoch; das Wissen um die Gräueltaten schwindet.

Ca. 40 % der Jugendlichen hat keine Kenntnisse über den Holocaust.

Jeder 10. Deutsche hat den Begriff Holocaust noch nie gehört.

Impressum Peter Sohler (Autor und Herausgeber) Amberger Str. 7 81679 München

© 2025 Peter Sohler Titel- und Fotocollagengestaltung gemäß §24 UrhG: Peter Sohler

Verwendete Fremdtexte, Fotos und Zitate gemäß § 62 / § 63 / § 49 / §50/ § 51/ § 23 UrhG.

Wikipedia Deutschland Gemeinfrei (CC) Fair Use-USA § 107 Act 17 U.S.C. sowie Schrankenbestimmungen

Fotokollagen gemäß § 24 UrhG Freie Benutzung

Verlag: BoD · Books on Demand GmbH, Überseering 33,

22297 Hamburg, bod@bod.de

Druck: Libri Plureos GmbH, Friedensallee 273, 22763 Hamburg

ISBN: 978-3-7693-6860-4

Inhaltsverzeichnis

Prolog: Gerhard Baum. 1932-2025

Zu meiner Person

Ich bin Jahrgang 1948, Wechselwähler und dankbar zur begnadeten Generation zu gehören, die in Frieden, Freiheit und Wohlstand leben durfte.

Der nächsten Generation wird das leider nicht beschieden sein, weil wir ein politisches Desaster erschaffen haben, denn die Politiker, die Verwalter der Scherbenhaufen, die heute nicht mehr wissen, was sie gestern wollten, aber gleichzeitig von morgen reden und das Vertrauen, die wichtigste Währung einer Gesellschaft längst verspielt haben, nicht aus den Fehlern der Vergangenheit lernen, sodass sie sich immer wieder wiederholen.

Kein Wunder, dass die AfD heute da ist, wo sie ist.

Meine Intention war, dass mein Buch authentisch und ein Spiegel der Zeit ist, in der wir lebten und leben.

Bleibt vorerst die Hoffnung, dass es mir gelungen ist, den Blick auf die Realität etwas zu schärfen in der Form von Interpretierungsansätzen, die zum Nachdenken anregen.

Prolog

Gerhard Baum 1932-2025.

Einer der wusste, wovon er sprach.

Baum äußerte sich mehrmals öffentlich zu den Wahlerfolgen der Alternative für Deutschland (AfD). Seiner Einschätzung nach gibt es seit Jahren vor allem in Teilen des Bürgertums eine „Unterströmung rechtsextremistischer Verführung". Die AfD sei ein Signal, dass viele Menschen sich von der Demokratie entfernt hätten, skeptisch seien und zum Teil diese Demokratie und ihre Regeln verachteten. Aus seiner Sicht sei dies „die größte, stärkste und gefährlichste Bedrohung unserer Demokratie seit 1945". Die alten Nazis, so wie er sie gekannt habe, seien wieder da.

Quelle: Wikipedia

1. Kapitel: Wie alles begann.

Hitler, der „größte" Gefreite aller Zeiten, war der langersehnte Führer, der die Republik aus dem Elend führen würde. Er brauchte nur noch das geeignete Umfeld, um seinen Wahn umzusetzen. Und er fand es. Im Land der großen Dichter, Denker und Komponisten. Genaugenommen konnte er nichts, aber er beherrschte die mächtigste Waffe, die es gibt. Die Sprache; denn das Wort steht immer am Anfang aller Dinge. Seiner hypnotischen Anziehungskraft und seinen geradezu messianischen Reden konnten nur wenige widerstehen. Sie ließen sich unwissend bezüglich der wahren Verhältnisse und Absichten vom Falschen Propheten dazu verführen, ihn als „Messias" den Erlöser anzuerkennen. Viele vertrauten ihm auch, weil er den Ersten Weltkrieg selbst als Frontsoldat erlebt hatte. Es herrschte die Überzeugung, wer durch diese Hölle gegangen ist, der kann keinen Krieg mehr wollen. Schnell fand er finanzielle Unterstützer, ohne die er niemals so weit gekommen wäre. Am Anfang hatte er auch Erfolg, denn den Deutschen ging es wieder gut. Auch christliche Kirchen unterstützten ihn. Letztendlich aber brachten ihn die damalige Schwäche der jungen Demokratie an die Macht, weil die etablierten demokratischen Parteien versagten. Niemand nahm ihn ernst, denn sie hielten ihn für kontrollierbar. Hindenburg glaubte sogar ihn für seine Zwecke einsetzen zu können.

Nach seinem misslungenen Putschversuch wurde ihm klar, dass man politische Gegner auch mit legalen Mitteln schlagen kann, indem man Wahlen gewinnt. In der zielgerichteten Massenpsychologie lag der Schlüssel zum Erfolg. Grundlegend für deren Erfolg war Hitlers massenwirksame Rhetorik. Er griff tagespolitische Themen auf, um regelmäßig und gezielt von dem „parlamentarischen Wahnsinn" und der Wurzel allen Übels zu reden: „den Juden". In der Reichstagssitzung vom 24. März 1933 wurde trotz der Warnungen der SPD die Macht an die NSDAP übergeben und die Demokratie faktisch abgeschafft.

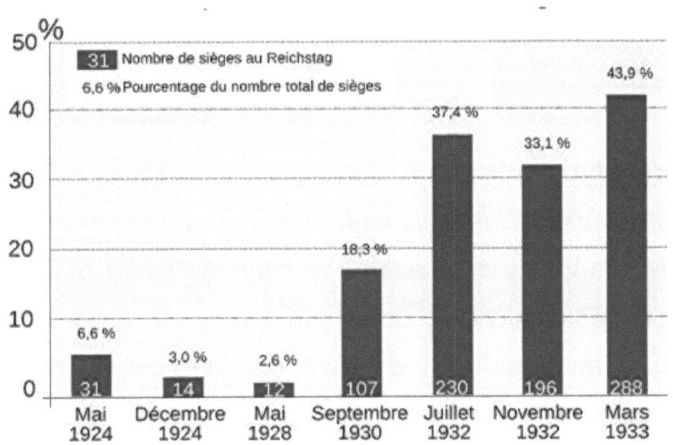

Mit der Unterstützung der Konservativen wurde Hitler am 30. Januar 1933 zum Reichskanzler ernannt und die Armee wurde auf ihn vereidigt. 1934 ließ Hitler seine letzten politischen Gegner, wie Ernst Röhm (SA) und andere führende NSDAP Mitglieder, in einer „Säuberungswelle" beseitigen. Nun war er „Der Führer" und hatte alleinige allumfassende Macht. Beim Angriff auf Polen war der Rubikon überschritten und der größte Vernichtungskrieg der neuzeitlichen Geschichte nahm nun unaufhaltbar seinen Lauf. Hitler: *„Was für ein Glück für die Regierenden, dass Menschen nicht denken"*

Der deutsche Abgrund und die Zeugnisse des Grauens.
Holocaust. Industrieller Massenmord.

Der Diktator Adolf Hitler im Reichstag am 30. Januar 1939: *„Wenn es dem internationalen Finanzjudentum in und außerhalb Europas gelingen sollte, die Völker noch einmal in einen Weltkrieg zu stürzen, dann wird das Ergebnis nicht die Bolschewisierung der Erde und damit der Sieg des Judentums sein, sondern die Vernichtung der jüdischen Rasse in Europa."*

„Jedes Volk hat die Regierung, die es verdient.
Joseph de Maistre" (1753 - 1821)

„Wenn sich böse Menschen verbinden, müssen sich die guten zusammenschließen; sonst werden sie fallen, einer nach dem anderen, ein Opfer, mit dem niemand Mitleid hat in einem verachtenswerten Kampf."

Edmund Burke (1729-1797)

Als Adolf Hitler am 30. Januar 1933 zum Reichskanzler ernannt wurde, existierte noch kein Plan für den Völkermord an der jüdischen „Rasse". Nach Ausbruch des Zweiten Weltkriegs gerieten Millionen von Juden unter die Kontrolle der Nationalsozialisten. Die nationalsozialistische Politik begann mit der Verfolgung und führte sukzessive über die Bildung von Ghettos schließlich zum systematischen Massenmord. Zwischen 1933 und 1945 wurden vom nationalsozialistischen Regime und seinen Verbündeten mehr als 44.000 Lager und andere Inhaftierungsstätten (einschließlich Ghettos) errichtet. Die Machthaber nutzten diese Orte für mehrere Zwecke, darunter Zwangsarbeit, Inhaftierung von vermeintlichen Staatsfeinden und die Ausübung von Massenmord.

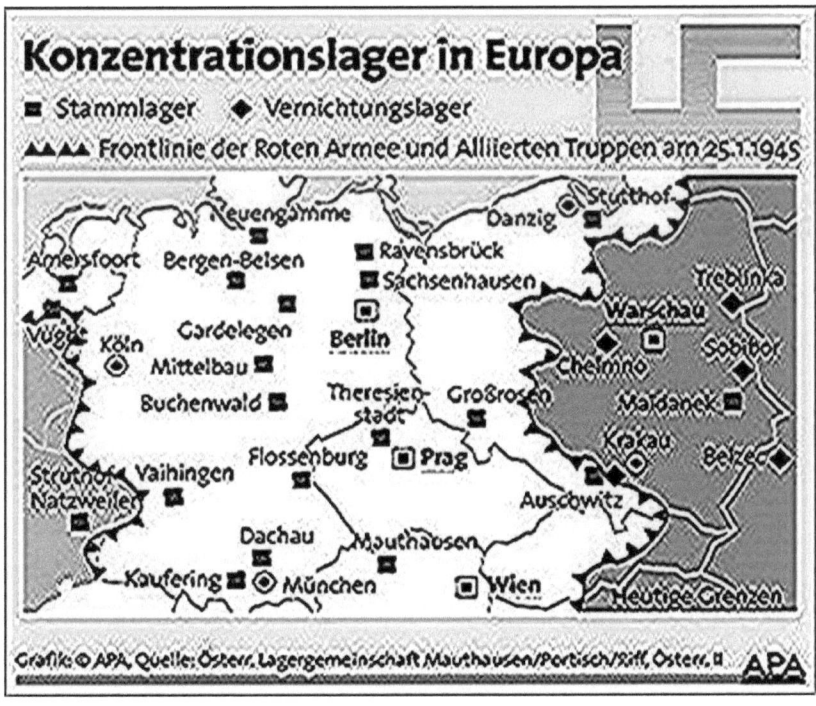

Jede Holocaustleugnung heute verhöhnt die Opfer von damals, denn die Realität war eine andere. Rückblick:

Verfolgung der Juden im Nationalsozialismus

Als die Nationalsozialisten in Deutschland 1933 die Herrschaft über-nahmen, begannen sie, einzelne Bevölkerungsgruppen auszugrenzen. Am 1. April 1933 führten die Nationalsozialisten die erste geplante lan-desweite Aktion gegen Juden durch: einen Boykott gegen jüdische Ge-schäfte und Freiberufler. Sie mussten sich nun von fort an auf ein an-deres Leben einstellen.

Die Nationalsozialisten betrachteten sich als "Herrenrasse". Die Juden waren für sie eine "minderwertige Rasse". Sie wurden für viele Miss-stände im Land verantwortlich gemacht.

Die NS-Propaganda spielte eine wesentliche Rolle bei der Förderung der Verfolgung und letztendlich der Vernichtung der europäischen Juden. Es stiftete Hass an und förderte ein Klima der Gleichgültigkeit gegenüber ihrem Schicksal. Mithilfe der Propagandakampagnen wurde ein Klima geschaffen, in dem Gewalt gegen Juden toleriert wurde. In der NS-Propaganda wurden Juden oft als Verschwörer dargestellt. Ihnen wurde unterstellt, einen Krieg provozieren zu wollen.

Die Zeitungen in Deutschland, vor allem aber *Der Stürmer*, bedienten sich zur Darstellung von Juden oft antisemitischer Karikaturen. Nachdem die Deutschen mit dem Angriff auf Polen im September 1939 den Zweiten Weltkrieg ausgelöst hatten, setzte das NS-Regime die Propaganda gezielt ein, um Zivilbevölkerung und Soldaten davon zu überzeugen, dass Juden nicht nur „Untermenschen" seien, sondern außerdem ein gefährlicher Feind des Deutschen Reichs. Das Regime zielte darauf ab, die Unterstützung oder zumindest Duldung für eine Politik zu gewinnen, die darauf ausgerichtet war, Juden dauerhaft aus Gebieten mit deutscher Besiedlung zu eliminieren.

Im ganzen Deutschen Reich waren Tausende der *Stürmer-Kästen* an stark frequentierten Orten aufgestellt, z. B. an Straßenbahn- und Bushaltestellen, öffentlichen Plätzen, Fabrikkantinen, in der Nähe von Krankenhäusern, Kirchen und Schulen.

Sie wurden angegriffen und durften ihre Berufe nicht mehr ausüben. Die Juden durften nichts mehr selbst entscheiden.

Wehren konnten sie sich nicht, weil man ihnen auch ihre Bürgerrechte weggenommen hatte. Sie mussten ab 1941 sogar ein Kennzeichen tragen, den sogenannten Judenstern. Der NS-Propagandaminister Josef Goebbels war der erste, der in einem Memorandum im Mai 1938 eine „allgemeine äußerliche Kennzeichnung für Juden" vorschlug. Der Chef der Sicherheitspolizei Reinhard Heydrich bekräftigte diesen Gedanken bei einem Treffen am 12. November 1938, das von Herman Göring im Anschluss an die Pogromnacht einberufen worden war.

Zwischen 1939 und 1945 war das Tragen eines Kennzeichens für Juden Pflicht. Die Nationalsozialisten führten diese Maßnahme ein, um Juden visuell zu kennzeichnen. Dieses System diente bereits der Vorbereitung der Deportation von Juden in die Ghettos und Tötungszentren in dem von Deutschland besetzten Osteuropa. Oft waren sie Teil einer ganzen Reihe antisemitischer Maßnahmen, die darauf abzielten, Juden visuell vom Rest der Bevölkerung zu unterscheiden und ihren untergeordneten Status kenntlich zu machen.

Vertreibung und Ermordung

Die Juden wurden aus Deutschland vertrieben (deportiert). Viele von ihnen wurden direkt in Lager gebracht und dort ermordet. Mehr als 180.000 vertriebene Juden wurden in den von Deutschland besetzten Ländern in Osteuropa in abgesperrten Stadtteilen angesiedelt. Diese Stadtteile wurden "Ghettos" genannt. Eines der größten Ghettos entstand im eroberten Warschau, der Hauptstadt Polens.

Völkermord

Als die Nationalsozialisten ihren Eroberungskrieg auf ganz Europa ausdehnten, wurden die Juden überall verfolgt. Es begann ein systematischer Völkermord. Die Nationalsozialisten schafften die Juden wie auch Sinti und Roma, Obdachlose, Behinderte, politisch Verfolgte, sogenannte "Asoziale" oder Kriegsgefangene in sogenannte Konzentrationslager. Manche Lager waren vor allem dafür da, um die Juden in Gaskammern zu ermorden. Von diesen Vernichtungslagern war Auschwitz-Birkenau das größte. Über 1 Million sind hier von 1933 bis 1945 getötet worden. Nur ganz wenige Verfolgte haben diesen unmenschlichen Terror überlebt.

Die nackten Leichen stapelten sich zu grotesken Bergen.

2. Kapitel: Die Wannseekonferenz

Die Wannseekonferenz war eine geheime Besprechung am 20. Januar 1942 in einer Villa am Großen Wannsee in Berlin. Fünfzehn hochrangige Vertreter der nationalsozialistischen Reichsregierung und der SS-Behörden kamen zusammen, um unter dem Vorsitz des SS-Obergruppenführers Reinhard Heydrich in seiner Funktion als Chef der Sicherheitspolizei (SiPo) und des Sicherheitsdienstes des Reichsführers SS (SD) den begonnenen Holocaust an den Juden im Detail zu organisieren und die Zusammenarbeit der beteiligten Instanzen zu koordinieren.

Entgegen verbreiteter Meinung war es nicht Hauptzweck der Konferenz, den Holocaust zu beschließen – diese Entscheidung war mit den seit dem Angriff auf die Sowjetunion (22. Juni 1941) stattfindenden Massenmorden in vom Deutschen Reich besetzten Gebieten faktisch schon gefallen , sondern die Deportation der gesamten jüdischen Bevölkerung Europas zur Vernichtung in den Osten zu organisieren und die erforderliche Koordination sicherzustellen. Die Teilnehmer legten den zeitlichen Ablauf für die weiteren Massentötungen fest, erweiterten die dafür vorgesehenen Opfergruppen zunehmend und einigten sich auf eine Zusammenarbeit unter der Leitung des Reichssicherheitshauptamts (RSHA), das Heydrich führte. Heydrich war von Hermann Göring am 31. Juli 1941 mit der Gesamtorganisation der „Endlösung der Judenfrage" beauftragt worden. Im Dezember 1941 lud Heydrich zu der Konferenz ein, an der Staatssekretäre aus verschiedenen Reichsministerien und dem dem Generalgouvernement,ein Ministerialdirektor der Reichskanzlei sowie leitende Beamte des Hauptamtes Sicherheitspolizei, des Sicherheitsdienstes und der Parteikanzlei teilnahmen.

Protokollant war der SS-Obersturmbannführer Adolf Eichmann, Heydrichs Referent für „Judenangelegenheiten".

Auftrag Hermann Görings an Reinhard Heydrich vom 31. Juli 1941

Land	Zahl
A. Altreich	131.800
Ostmark	43.700
Ostgebiete	420.000
Generalgouvernement	2.284.000
Bialystok	400.000
Protektorat Böhmen und Mähren	74.200
Estland – Judenfrei –	
Lettland	3.500
Litauen	34.000
Belgien	43.000
Dänemark	5.600
Frankreich / Besetztes Gebiet	165.000
Unbesetztes Gebiet	700.000
Griechenland	69.600
Niederlande	160.800
Norwegen	1.300
B. Bulgarien	48.000
England	330.000
Finnland	2.300
Irland	4.000
Italien einschl. Sardinien	58.000
Albanien	200
Kroatien	40.000
Portugal	3.000
Rumänien einschl. Bessarabien	342.000
Schweden	8.000
Schweiz	18.000
Serbien	10.000
Slowakei	88.000
Spanien	6.000
Türkei (europ. Teil)	55.500
Ungarn	742.800
UdSSR	5.000.000
Ukraine 2.994.684	
Weißrußland aus- schl. Bialystok 446.484	
Zusammen: über	11.000.000

Ein Dokument der Wannseekonferenz: Hier die vorbereitete Liste der
jüdischen Bevölkerung in Europa.

19

Vorgeschichte

Nationalsozialistische „Judenpolitik"

Der Antisemitismus war einer der zentralen Bestandteile der national-sozialistischen Ideologie, der die NS-Politik bestimmte. Schon in seinem Machwerk *„Mein Kampf"* propagierte Adolf Hitler Ideen, die auf die Ausrottung der Juden abzielten.

Am 30. Januar 1939 hatte Hitler in einer Reichstagsrede erstmals „die Vernichtung der jüdischen Rasse in Europa" für den Kriegsfall ange-kündigt. Darauf bezog sich Propagandaminister Joseph Goebbels in einem Artikel für *Das Reich* vom 16. Dezember 1941: *„Wir erleben gerade den Vollzug dieser Prophezeiung und es erfüllt sich am Judentum ein Schicksal, das zwar hart, aber mehr als verdient ist. Mitleid oder gar Bedauern ist da gänzlich unangebracht."*

1942 kam Hitler öffentlich fünfmal auf seine Drohung und ihre Verwirk-lichung zu sprechen, zuletzt am 8. November 1942: *„Sie werden sich noch der Reichstagssitzung erinnern, in der ich erklärte: Wenn das Judentum sich etwa einbildet, einen internationalen Weltkrieg zur Ausrottung der europäischen Rassen herbeiführen zu können, dann wird das Ergebnis nicht die Ausrottung der europäischen Rassen, sondern die Ausrottung des Judentums in Europa sein. Sie haben mich immer als Propheten ausgelacht. Von denen, die damals lachten, lachen heute Unzählige nicht mehr, und die jetzt noch lachen, werden es vielleicht in einiger Zeit auch nicht mehr tun."*

Die beabsichtigten Ziele und Ergebnisse der nationalsozialistischen Politik gegenüber den Juden waren somit offensichtlich.

Die Entscheidung zum Holocaust

Zu den erhaltenen Dokumenten gehört der Auftrag Görings an Heydrich, einen Gesamtentwurf bezüglich Kosten, Organisation und Durchführung für die „Endlösung der Judenfrage" auszuarbeiten. Er erging am 31. Juli 1941, also fünf Wochen nach dem Angriff auf die Sowjetunion am 22. Juni, der Millionen von Juden erst in die Reichweite des nationalsozialistischen Regimes brachte.

In den ersten Monaten des Deutsch-Sowjetischen Krieges äußerten sich führende Funktionäre des NS-Regimes mehrmals in einer Weise, die auf den geplanten Völkermord schließen lässt. Dies gilt als Hinweis darauf, dass die endgültigen Entscheidungen, die zum Holocaust führten, im Herbst 1941 gefallen sein müssen. So versammelte Hitler am 12. Dezember 1941 die Reichs- und Gauleiter der NSDAP in seinen Privaträumen in der Reichskanzlei. Goebbels notierte darüber in seinem Tagebuch: *„Bezüglich der Judenfrage ist der Führer entschlossen, reinen Tisch zu machen. [...] Der Weltkrieg ist da, die Vernichtung des Judentums muss die notwendige Folge sein."*

Vier Tage später, am 16. Dezember 1941 veröffentlichte Goebbels den oben zitierten Artikel in *Das Reich*.

Manche Historiker sehen die Gauleitertagung bei Hitler am 12. Dezember als spätesten Termin an, an dem die Entscheidung zur systematischen Judenvernichtung gefallen ist. Andere bezweifeln, dass es überhaupt einen bestimmten Zeitpunkt gab, an dem ein solcher Beschluss getroffen und ein entsprechender Führerbefehl dazu ausgegeben wurde. Dazu führen sie u. a. ein Zitat aus dem Protokoll der Wannseekonferenz an: An die Stelle der Nötigung zur Auswanderung sei „nach vorheriger Genehmigung durch den Führer die Evakuierung der Juden nach dem Osten" als Lösungsmöglichkeit getreten. Ein förmlicher Beschluss zum Völkermord, der Ermordung aller Juden, sei damit nicht gegeben worden; Hitler habe sich ungern festgelegt und sei nur „Legitimierungsinstanz" in einem noch stufenweise weiter fortschreitenden Radikalisierungsprozess gewesen, der durch lokale Initiativen, selbstverursachte vermeintliche Sachzwänge und eliminatorischen Antisemitismus kumulierte.

Die meisten Historiker folgern jedoch aus den Quellen, dass im Spätherbst 1941 ein entscheidender Schritt im Entscheidungsprozess zum Völkermord getan worden sei. Damals zeichnete sich das Scheitern des Krieges gegen die Sowjetunion ab, der als Blitzkrieg begonnen worden war. Damit zerschlugen sich die letzten unausgereiften Pläne, die Juden weit in den Osten abschieben zu können, nachdem vorher schon die Umsiedlungsprojekte nach Nisko und Madagaskar als undurchführbar zu den Akten gelegt worden waren.

Ein eindeutiger schriftlicher Befehl Hitlers zur Ermordung aller Juden im deutschen Einflussbereich wurde bisher nicht gefunden. Wahrscheinlich gab es keine derartige förmliche Anordnung. Auf mündliche Führerbefehle zur Judenvernichtung nehmen jedoch Briefe und Anordnungen hoher NS-Führer mehrfach Bezug.

Diese Befehle waren offenbar meist stark verklausuliert; ebenso wie Heydrichs Befehle zu konkreten Massenmordaktionen. Was tatsächlich befohlen wurde, zeigte sich erst bei Umsetzung der Maßnahmen. Diese konnten aber nur mit Hitlers ausdrücklichem Einverständnis eingeleitet und vollzogen werden. In diesem Punkt stimmen alle Fachhistoriker bei allen sonst unterschiedlichen Deutungen überein.

Aufgrund der öffentlichen Äußerungen von Hitler, Goebbels, Himmler und anderen hochrangigen NS-Funktionären konnte jeder Befehlshaber – etwa der SD-Einsatzkommandos – dieses Einverständnis bei Mordaktionen gegen Juden voraussetzen.

Deportationen und Massenmorde bis Ende 1941

Das nationalsozialistische Vorgehen gegen die Juden radikalisierte sich seit 1933 über Ausgrenzung, Entrechtung, erzwungene Auswanderung, physische Verfolgung und Enteignung. Seit Kriegsbeginn kamen Ghettoisierung, Deportationen und Massenmorde in militärisch besetzten Gebieten Ost- und Südosteuropas hinzu. Diese Schritte erfolgten jedoch nicht überall chronologisch und geplant nacheinander, sondern teilweise in ständigem Wechsel und manchmal chaotisch nebeneinander. Mit dem Überfall auf Polen 1939 begannen Massenmorde an Zivilisten in Polen. Eine „zur besonderen Verfügung" gebildete Einsatzgruppe unter Udo von Woyrsch erschoss bis Jahresende etwa 7000 Juden, erfuhr dafür aber starke Kritik einiger Armeebefehlshaber, wie z. B. des Oberbefehlshabers im Generalgouvernement, Johannes Blaskowitz. Der Historiker Hans Mommsen deutete diese Morde im Jahr 2002 als noch planlose Einzelinitiativen. Seit dem 22. Juni 1941 erschossen vier im Mai aufgestellte Einsatzgruppen systematisch und in großem Umfang Staatsfunktionäre, Partisanen und – bevorzugt jüdische – „Geiseln" hinter der gesamten Ostfront der deutschen Wehrmacht. Teils mit ihnen, teils ohne sie ermordeten im selben Gebiet Einheiten der Ordnungspolizei und der Waffen-SS unter Hans-Adolf Prützmann, Erich von dem Bach-Zelewski und Friedrich Jeckeln Juden in großer Zahl. Mit dem Massaker von Kamenez-Podolsk an ungarischen und ukrainischen Juden Ende August 1941 betrafen Massenerschießungen erstmals Zehntausende und erreichten damit eine neue Dimension. Das Massaker von Babyn Jar im September/Anfang Oktober 1941, bei dem mehr als 33.000 jüdische Bewohner Kiews ermordet wurden, ist die bekannteste derartige Massenerschießung. Die Massenmorde liefen immer stärker auf eine unterschiedslose Ermordung aller Juden zu. In den von den Nationalsozialisten eingerichteten, überfüllten Ghettos starben täglich Juden an Unterernährung, Infektionskrankheiten und willkürlicher Gewalt ihrer Bewacher. Auch die „Vernichtung durch Zwangsarbeit", die das Konferenzprotokoll als Methode der „Endlösung" nannte, fand schon statt: etwa beim Bau einer wichtigen „Durchgangsstraße IV" von Lemberg in die Ukraine.

Im Oktober begannen Massendeportationen deutscher Juden aus dem Reichsgebiet. Auf Befehl Himmlers vom 18. September, unterzeichnet von Kurt Daluege, wurden bis zum 4. November 20.000 Juden und 5000 Roma nach Łódź deportiert. Am 23. Oktober 1941 verbot Himmler allen Juden im deutschen Einflussbereich die Auswanderung. „Auf Wunsch des Führers" sollte bei Riga ein weiteres großes Konzentrationslager errichtet werden. Am 8. November 1941 erfuhr Hinrich Lohse, Reichskommissar für das besetzte Baltikum, dass je 25.000 „Reichs- und Protektoratsjuden" nach Minsk und Riga deportiert werden sollten. Um letztere unterzubringen, ließ Jeckeln auf persönlichen Befehl Himmlers vom 29. November bis 1. Dezember sowie am 8. und 9. Dezember 1941 insgesamt 27.800 Bewohner des Rigaer Ghettos erschießen. Unter den Opfern waren auch der erste Transport von 1053 Berliner Juden, die am 30. November sofort nach ihrer Ankunft erschossen wurden. Himmlers Veto dagegen vom selben Tag kam zu spät.

Der Historiker Raul Hilberg vermutet, dass es ohnehin nur zu erwartende Proteste Lohses beschwichtigen sollte. Nach Deutung von Dieter Pohl fürchtete Himmler, ausbleibende Nachrichten der Deportierten würden in Deutschland rasch zu Gerüchten über ihre Liquidierung führen. Am 25. und 29. November wurden bei Kaunas 5000 eigentlich für Riga bestimmte Juden aus dem Reich und dem Protektorat erschossen.

Das Vernichtungslager Belzec war seit November 1941 im Bau; dessen erste Gaskammern von geringer Kapazität waren zur Ermordung arbeitsunfähiger Juden vorgesehen. Auch für das Vernichtungslager Sobibor und das KZ Majdanek im Distrikt Lublin begannen die Bauvorbereitungen. Seit Anfang Dezember 1941 wurden in Kulmhof (Chelmno) Gaswagen zur Tötung von Juden eingesetzt. Darüber verfügten mittlerweile alle vier Einsatzgruppen.

Bis zur Einberufung der Wannseekonferenz hatten die Mörder mit Hitlers Zustimmung rund 900.000 Juden aus Deutschland, Polen und der Sowjetunion in den von der Wehrmacht besetzten Gebieten umgebracht. Nun sollte als letzte Eskalationsstufe die systematische Ermordung aller Juden im deutschen Einflussbereich organisiert werden.

Teilnehmer

Auf Einladung Heydrichs nahmen 15 Personen an der Konferenz teil: Angehörige der SS, die den Massenmord organisatorisch und praktisch bereits begonnen hatten, sowie hochrangige Vertreter der NSDAP, der Zivilverwaltung in den besetzten Gebieten Polens und der Sowjetunion und einiger Reichsministerien:

- Reinhard Heydrich (SS-Obergruppenführer, Hauptredner und Vorsitz)

- Adolf Eichmann (SS-Obersturmbannführer, Protokollführer)

- Josef Bühler (Staatssekretär im Amt des Generalgouverneurs in Krakau)

- Roland Freisler (Staatssekretär im Reichsjustizministerium, später Präsident des Volksgerichtshofs)

- Otto Hofmann (SS-Gruppenführer, Chef des Rasse- und Siedlungshauptamtes der SS)

- Gerhard Klopfer (SS-Oberführer, Ministerialdirektor in der Parteikanzlei der NSDAP, Leiter der Staatsrechtlichen Abteilung III)

- Friedrich Wilhelm Kritzinger (Ministerialdirektor in der Reichskanzlei)

- Rudolf Lange (SS-Sturmbannführer, Kommandeur der Sicherheitspolizei und des SD für Lettland in Vertretung seines Befehlshabers Walter Stahlecker)

- Georg Leibbrandt (Reichsamtsleiter, Reichsministerium für die besetzten Ostgebiete)

- Martin Luther (Unterstaatssekretär im Auswärtigen Amt)

- Alfred Meyer (Staatssekretär im Reichsministerium für die besetzten Ostgebiete, Gauleiter Westfalen-Nord)

- Heinrich Müller (SS-Gruppenführer, Chef des Amtes IV (Gestapo) des Reichssicherheitshauptamtes)

- Erich Neumann (Staatssekretär im Amt des Beauftragten für den Vierjahresplan)

- Karl Eberhard Schöngarth (SS-Oberführer, Befehlshaber der Sicherheitspolizei und des SD im Generalgouvernement)

- Wilhelm Stuckart (Staatssekretär im Reichsministerium des Innern)

Darüber hinaus waren weitere Vertreter von Ministerien und Behörden eingeladen, die ihre Teilnahme jedoch absagten. Leopold Gutterer beispielsweise, Staatssekretär im Reichsministerium für Volksaufklärung und Propaganda, gab terminliche Gründe an, bat aber darum, über alle Folgetermine unterrichtet zu werden. Als einzige Frau war die Stenografin und Sekretärin Eichmanns, Ingeburg Werlemann, bei allen Besprechungen anwesend, ihr Name wird im Protokoll aber nicht erwähnt.

Inhalte

Auf der Konferenz sollten die Zuständigkeiten für die bereits angelaufenen Deportations- und Vernichtungsaktionen geklärt, die Maßnahmen zu ihrer Umsetzung koordiniert und ihr räumlicher und zeitlicher Ablauf festgelegt werden. Schließlich wurden hier die Gruppen derjenigen Juden definiert, die zur Deportation und damit zur Vernichtung bestimmt waren. Dazu war die Mitarbeit vieler Institutionen notwendig, die bisher nicht über die „Endlösung" informiert waren.

Im Protokoll der Wannseekonferenz ließ Heydrich festhalten, dass er von Göring zum „Beauftragten für die Vorbereitung der Endlösung der europäischen Judenfrage" bestellt worden sei und die Federführung beim „Reichsführer SS und Chef der Deutschen Polizei", also Himmler, liege. Auf dieser Sitzung wollte er sich mit den unmittelbar beteiligten Zentralinstanzen abstimmen. Heydrich berichtete über die erfolgte Auswanderung von rund 537.000 Juden aus dem „Altreich", Österreich sowie Böhmen und Mähren, an deren Stelle nach „vorheriger Genehmigung durch den Führer die Evakuierung der Juden nach dem Osten" treten solle.

Für die „Endlösung der europäischen Judenfrage" kämen rund elf Millionen Juden in Betracht. In dieser Zahl waren auch „Glaubensjuden" aus dem unbesetzten Teil Frankreichs, aus England, Spanien, Schweden, der Schweiz, der Türkei und weiteren neutralen oder gegnerischen Staaten außerhalb des deutschen Machtbereichs enthalten. Weiter hieß es im Protokoll: „In großen Arbeitskolonnen, unter Trennung der Geschlechter, werden die arbeitsfähigen Juden straßenbauend in diese Gebiete geführt, wobei zweifellos ein Großteil durch natürliche Verminderung ausfallen wird.

Der allfällig endlich verbleibende Restbestand wird, da es sich bei diesem zweifellos um den widerstandsfähigsten Teil handelt, entsprechend behandelt werden müssen, da dieser, eine natürliche Auslese darstellend, bei Freilassung als Keimzelle eines neuen jüdischen Aufbaues anzusprechen ist."

Bei der Durchführung würde „Europa vom Westen nach Osten" durchkämmt werden; dabei sollte wegen „sozialpolitischer Notwendigkeiten" und zum Freisetzen von Wohnraum im Reichsgebiet begonnen werden. Zunächst sollten die deutschen Juden in Durchgangsghettos und von dort aus weiter in den Osten transportiert werden. Juden im Alter von über 65 Jahren und Juden mit Kriegsversehrung oder Träger des Eisernen Kreuzes (…) würden in das Ghetto Theresienstadt kommen. Damit wären „mit einem Schlag die vielen Interventionen ausgeschaltet".

Nach der Erwähnung möglicher Schwierigkeiten bei der „Evakuierungsaktion" in den „besetzten oder beeinflussten europäischen Gebieten" wendete man sich der Frage zu, wie mit „jüdischen Mischlingen" und „Mischehen" zu verfahren sei.

Gemäß dem Protokoll sollten die Nürnberger Gesetze „gewissermaßen" die Grundlage bilden. Doch tatsächlich gingen die von Heydrich eingebrachten Vorschläge weit darüber hinaus:

- Im Regelfall sollten „Mischlinge 1. Grades" („Halbjuden") ungeachtet ihrer Glaubenszugehörigkeit wie „Volljuden" behandelt werden. Ausnahmen waren nur für solche „Mischlinge" vorgesehen, die mit einem „deutschblütigen" Partner verheiratet und nicht kinderlos geblieben waren. Andere Ausnahmebewilligungen seien nur von höchsten Parteiinstanzen zu erteilen.

- Jeder „Mischling 1. Grades", der im Deutschen Reich verbleiben durfte, sollte sterilisiert werden.

- „Mischlinge 2. Grades" („Vierteljuden") sollten im Regelfall den „Deutschblütigen" gleichgestellt werden, sofern sie nicht durch auffälliges jüdisches Aussehen oder schlechte polizeiliche und politische Beurteilung als Juden einzustufen waren.

- Bei bestehenden „Mischehen" zwischen „Volljuden" und „Deutschblütigen" sollte der jüdische Teil entweder „evakuiert" oder auch nach Theresienstadt geschickt werden, falls Widerstand durch die deutschen Verwandten zu erwarten sei.

- Weitere Regelungen wurden für „Mischehen" angesprochen, bei denen ein oder beide Ehepartner „Mischlinge" waren.

Diese detaillierten Vorschläge wurden vom Staatssekretär Stuckart, der 1935 mit der Ausarbeitung der Nürnberger Gesetze befasst gewesen war, als unpraktikabel zurückgewiesen.

Er schlug vor, die Zwangsscheidung von „Mischehen" gesetzlich vorzuschreiben und alle „Mischlinge ersten Grades" zu sterilisieren.

Da in diesen Punkten keine Einigung herbeigeführt werden konnte, vertagte man diese Detailfragen auf Folgekonferenzen.

Josef Bühler, Hans Franks Staatssekretär im Amt des Generalgouverneurs, drängte Heydrich auf der Konferenz, die Maßnahmen auf polnischem Gebiet im „Generalgouvernement" zu beginnen, weil er hier keine Transportprobleme sähe und „die Judenfrage in diesem Gebiete so schnell wie möglich zu lösen" wünschte. Ohnehin sei die Mehrzahl dieser Juden nicht arbeitsfähig und „als Seuchenträger eine eminente Gefahr".

Folgekonferenzen

Bereits am 29. Januar 1942, neun Tage nach der Wannseekonferenz, fand die erste Folgekonferenz statt. Zu diesem Treffen kamen 16 Teilnehmer in die Räume des Reichsministeriums für die besetzten Ostgebiete (RMfdbO) in der Berliner Rauchstraße. Das RMfdbO selbst war mit insgesamt 8 Teilnehmern vertreten, darunter Otto Bräutigam, Erhard Wetzel, Hermann Weitnauer und Gerhard von Mende. Zudem nahmen nachgeordnete Vertreter von Ministerien (RSHA, Justizministerium), der Parteikanzlei sowie des OKW teil, darunter Friedric Suhr (RSHA), Bernhard Lösener (Justizministerium), Albert Frey (OKW) und Herbert Reischauer (Parteikanzlei). Geleitet wurde die Sitzung von Otto Bräutigam.

Ziel dieses Treffens war es, die auf der Wannseekonferenz gefassten Beschlüsse inhaltlich zu füllen und rechtlich zu präzisieren. Zentrales Thema dieser Konferenz war, wer fortan als „Jude" zu gelten habe, und somit genau festzulegen, wer auszurotten sei. Das RMfdbO wollte den Juden-Begriff keinesfalls „zu eng" definiert haben und betonte, die bislang geltenden Regelungen in den besetzten Gebieten würden ohnehin nicht ausreichen und müssten insofern „verschärft" werden, als in Zukunft auch „Mischlinge" als „Volljuden" zu gelten haben. Diese Vorschläge wurden am Ende der Sitzung durchgesetzt. Die Konferenzteilnehmer einigten sich darauf, dass in sämtlichen besetzten Gebieten als „Jude" zukünftig alle Angehörigen der jüdischen Religion zu gelten hätten, zudem eheliche und uneheliche Kinder aus Verbindungen, in denen ein Teil Jude war (also Kinder aus so genannten Mischehen), sowie auch nichtjüdische Ehefrauen von Juden.

Die erforderlichen Entscheidungen vor Ort sollten, so der Beschluss, die „politisch-polizeilichen Organe und deren Sachverständige in Rassenfragen" treffen. Diese Konferenz fand statt, als die ersten Deportationen zum KZ Theresienstadt einsetzten; und einen Tag, bevor Hitler in seiner Rede im Berliner Sportpalast verkündete: *„Wir sind uns dabei im Klaren darüber, dass der Krieg nur damit enden kann, dass entweder die arischen Völker ausgerottet werden oder dass das Judentum aus Europa verschwindet."*

Zwei weitere Folgekonferenzen fanden am 6. März und 27. Oktober 1942 im Referat IV B 4 von Adolf Eichmann in der Berliner Kurfürstenstraße 115/116 statt. Nach einer Aufzeichnung des „Judenreferenten" im Reichsaußenministerium, Franz Rademacher, wurde am 6. März über den Vorschlag Stuckarts gesprochen. Dieser hatte für die Zwangssterilisation aller „jüdischen Mischlinge ersten Grades" sowie für die Zwangsscheidung aller „Mischehen" plädiert. Da die Sterilisation in den Krankenhäusern momentan nicht durchführbar sei, sollte diese Maßnahme bis zum Kriegsende aufgeschoben werden. Gegen eine zwangsweise Ehescheidung wurden allgemeine rechtliche Einwände sowie „propagandistische" Gründe ins Feld geführt. Damit waren absehbare Widerstände insbesondere von Seiten der katholischen Kirche und eine Intervention des Vatikan gemeint. Auch konnte man die Reaktionen der „jüdisch versippten" Ehepartner schwer einschätzen.

Wie sich 1943 anlässlich der Fabrikaktion beim Rosenstraße-Protest herausstellte, führte die vermeintlich drohende Deportation von jüdischen Ehepartnern tatsächlich zu öffentlichen Solidaritätsbekundungen der „deutschblütigen" Angehörigen.

Am 27. Oktober 1942 wurde die Forderung nach Zwangsscheidung von „Mischehen" erneut behandelt. Offenbar gab es jedoch Hinweise aus der Reichskanzlei, dass der „Führer" während des Krieges keine Entscheidung treffen wollte.

Im Oktober 1943 vereinbarte Otto Thierack vom Justizministerium mit Himmler, „jüdische Mischlinge" vorerst nicht zu deportieren. Derartige Rücksichten auf die Stimmung der Bevölkerung wurden der SS in den besetzten Ostgebieten nicht abverlangt: Jüdische Ehepartner aus „Mischehen" und die „jüdischen Mischlinge ersten Grades" wurden dort in den Völkermord einbezogen.

Strittig ist die Beurteilung der Rolle geblieben, die Stuckart mit seinen Vorschlägen einnahm. Nach Angaben seiner Untergebenen Bernhard Lösener und Hans Globke hat Stuckart den Kompromissvorschlag zur Massensterilisierung mit dem Hintergrundwissen gemacht, dass dies zumindest während des Krieges nicht realisierbar sei. Damit habe er die Deportation und Ermordung der deutschen „Mischlinge ersten Grades" verhindert. Andererseits wäre sein Vorschlag einer Zwangsscheidung für „Mischehen", die den Tod des jüdischen Partners zur Folge gehabt hätte, rasch realisierbar gewesen.

Die im Protokoll angesprochene Absicht Heydrichs, einen „Entwurf über die organisatorischen, sachlichen und materiellen Belange im Hinblick auf die Endlösung der europäischen Judenfrage" anzufertigen und diesen Göring zuzuleiten, wurde nicht verwirklicht.

Einordnung

Der erhaltene Protokolltext dokumentiert die Absicht zur Ermordung aller europäischen Juden, das prinzipielle Einverständnis und die effektive Beteiligung des nationalsozialistischen Staatsapparates am Völkermord. Die Formulierung „entsprechend behandelt" in Eichmanns Wiedergabe des Einleitungsreferats von Heydrich wird von einigen Historikern als typische Tarnfloskel für die Ermordung der die Zwangsarbeit überlebenden Juden gesehen, da der Kontext keinen anderen Schluss zulasse. Dem widerspricht Hans Mommsen: Es sei durchaus keine Tarnfloskel gewesen; Heydrich habe vielmehr tatsächlich geplant, einen Großteil der Juden durch Arbeit zu vernichten, die endgültige Lösung der Judenfrage sei aber nur ein Fernziel gewesen, vor dessen Erreichen die überlebenden Juden immer noch weiter in den Osten transportiert werden würden. Hier habe sich die Ansiedlungs- oder Reservatslösung erneuert, wie sie sich in den Jahren 1939 bis 1941 unter anderem im Nisko- und im Madagaskarplan gezeigt habe, die „jedoch schwerlich als humanere Alternative" anzusehen sei. Nach Aussage Eichmanns in seinem Prozess war die tatsächliche Sprache unmissverständlich: *„Es wurde vom Töten und Eliminieren und Vernichten gesprochen."* Über welche Tötungsvarianten gesprochen wurde, ist unter Fachhistorikern umstritten. Aus den zuvor angelaufenen Vernichtungsaktionen und dem Konferenzprotokoll selbst leiten die meisten ab, dass zuvor von höchster Stelle entschieden worden war, die Mordaktionen nunmehr zu einem systematischen Völkermord auszuweiten, dem unterschiedslos alle europäischen Juden zum Opfer fallen sollten. Im Zahlenmaterial für die Gesamtplanung waren die Juden aus England und Spanien aufgeführt.

Deren Einbeziehung war angesichts der damaligen für die Nationalsozialisten ungünstigen Kriegsentwicklung unrealistisch.

Der Historiker Peter Longerich kommt zu dem Ergebnis, es habe auch nach der Konferenz keinen festen Plan gegeben, in welchen Zeiträumen und mit welchen Mitteln der Völkermord durchgeführt werden sollte. Jedoch lasse sich nachweisen, dass danach „die Deportationen auf den gesamten deutschen Raum ausgedehnt wurden" und ein „umfassendes Zwangsarbeitsprogramm" zu greifen begann.

Thomas Sandkühler stellt als entscheidende Auswirkung heraus, dass bis zur Konferenz in Ostgalizien als „arbeitsunfähig" eingestufte Jüdinnen und Juden ermordet wurden. Erst danach habe der Mordbefehl für alle Juden außer den ganz wenigen in der Erdölindustrie als unentbehrlich deklarierten Juden gegolten.

Die Wannseekonferenz war eine bürokratische Klärung der Zuständigkeiten beteiligter Stellen und des zu ermordenden Personenkreises. Dies setzte eine irgendwie geartete Beschlussfassung zur „Endlösung der Judenfrage" bereits voraus. Ein derartiger Beschluss konnte auf keinen Fall durch untergeordnete Personen, sondern nur auf allerhöchster Ebene gefasst werden. Erst daraufhin sollte nun die Federführung des Reichssicherheitshauptamts festgeschrieben sowie Kooperation und Koordinierung der beteiligten Stellen sichergestellt werden. Nach dem britischen Historiker Mark Roseman war die Wannseekonferenz für den tatsächlichen Ablauf des Holocaust nicht sehr wichtig. Von herausragender Bedeutung war sie im Rückblick vielmehr erst dadurch, dass ihr Protokoll erhalten blieb.

Sein Text gewähre Einblick in einen Augenblick, „in dem sich der kontinentweite Mord als politisches Ziel bereits herauskristalliert hatte, die Möglichkeit einer weltweiten Ausrottung zumindest angedacht war und das genaue Gleichgewicht zwischen direkter Ausrottung und kurzfristiger Ausbeutung durch Zwangsarbeit noch nicht etabliert worden war".

Die Gedenk- und Bildungsstätte „Haus der Wannsee-Konferenz" bezeichnet die verbreitete Annahme, hier sei der europaweite Völkermord beschlossen worden, als „fast nicht mehr revidierbaren Irrtum der Geschichtsschreibung und der Publizistik". Dennoch ist die Konferenz von großer historischer Bedeutung: Hier wurde der laufende Völkermord koordiniert und den höchsten Beamten aller wichtigen Ministerien zur Kenntnis gebracht, in denen anschließend zahlreiche Personen als „Schreibtischtäter" organisatorische Unterstützung leisteten.

Strafverfolgung nach 1945

Ein Drittel der Konferenzteilnehmer überlebte den Krieg nicht.

Heydrich starb am 4. Juni 1942 an den Folgen eines Attentats in Prag,

Roland Freisler kam bei einem Bombenangriff ums Leben,

Rudolf Lange und Alfred Meyer verübten Suizid.

Martin Luther verstarb im Frühjahr 1945 an den Folgen seiner Haft im KZ Sachsenhausen.

Heinrich Müller galt als verschollen.

Noch vor Entdeckung des Protokolls der Wannseekonferenz wurden zwei Teilnehmer wegen verübter Kriegsverbrechen hingerichtet.

Eberhard Schöngarth wurde 1946 vom britischen Militärgericht zum Tode verurteilt und hingerichtet, weil er persönlich die Erschießung eines Kriegsgefangenen angeordnet hatte.

Josef Bühler wurde 1946 in Krakau zum Tode verurteilt. Wilhelm Kritzinger verstarb 1947 vor Eröffnung des Wilhelmstraßen-Prozesses,

1948 starb Erich Neumann.

Falls es überhaupt zu Verurteilungen kam, dann wurden andere Tatbestände als die Konferenzteilnahme im Urteil angeführt.

Zur Einstellung der Verfahren kam es bei Georg Leibbrandt (1950) und Gerhard Klopfer (1962). Beide waren 1949 aus der Untersuchungshaft entlassen worden.

Otto Hofmann war 1948 im Nürnberger Folgeprozess gegen das SS-Rasse- und Siedlungshauptamt zu 25 Jahren Zuchthaus verurteilt worden, wurde aber 1954 aus der Justizvollzugsanstalt Landsberg entlassen.

Wilhelm Stuckart wurde im Wilhelmstraßen-Prozess zu einer Strafe von drei Jahren und zehn Monaten verurteilt, kam aber schon 1949 frei, da die Internierungshaft angerechnet wurde.

Adolf Eichmann floh nach dem Krieg nach Argentinien, wurde dort aber von einem Kommando des israelischen Geheimdienstes Mossad entführt, nach Israel gebracht und 1962 nach einem aufsehenerregenden Prozess in Jerusalem hingerichtet.

3. Kapitel: Die Hölle von Auschwitz-Birkenau.

Nirgendwo sonst wurden jemals an einem Ort so viele Menschen
systematisch ermordet.

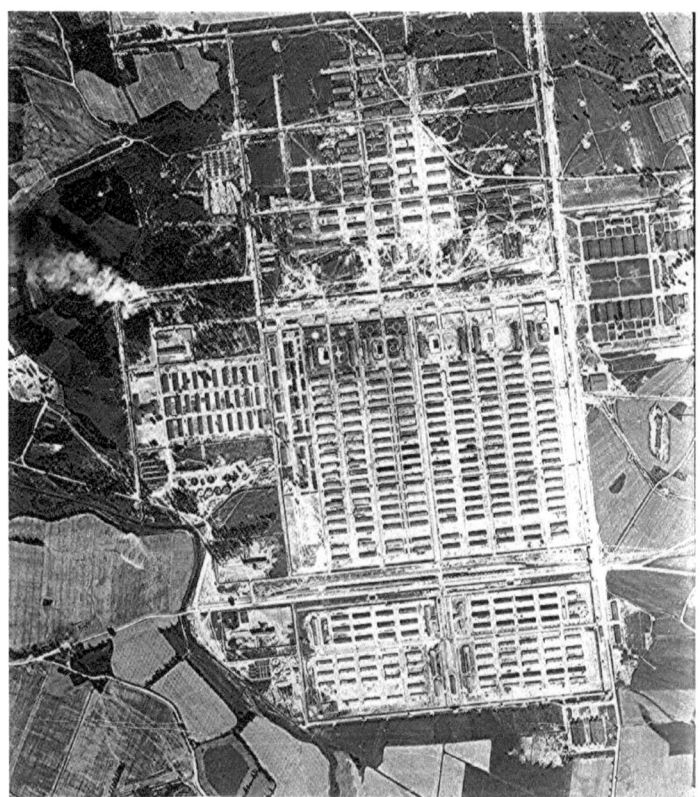

Luftaufnahme der RAF von Birkenau, links aufsteigender Rauch
der Verbrennungsgruben (August 1944)

Das Konzentrationslager Auschwitz-Birkenau war das größte deutsche Vernichtungslager im NS-Staat. Es wurde 1941 drei Kilometer
entfernt vom Stammlager Auschwitz-I auf dem Gebiet der Gemeinde Brzezinka (deutsch *Birkenau*) errichtet. Es befand sich nahe bei der
Stadt Oświęcim (deutsch *Auschwitz*) im nach der Besetzung
Polens vom Deutschen Reich annektierten und als Verwaltungseinheit
neu errichteten Landkreis Bielitz.

Das Tor zur Hölle

„Wir wussten, das war ein Tor, wo man reinging und nicht mehr rauskam. Wir hörten die Schüsse"
Zofia 16 Jahre alt.

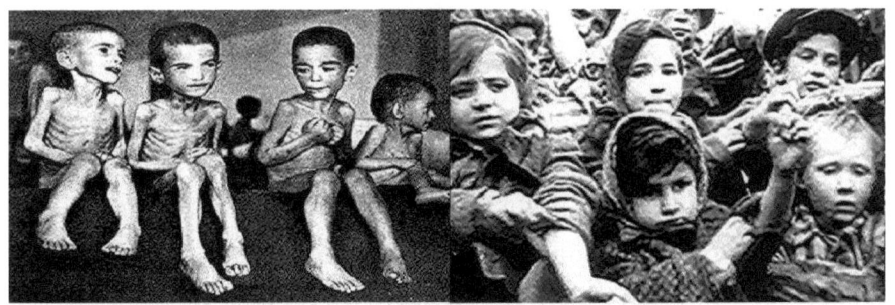

Nicht einmal Kinder, die Schutzbefohlenen, wurden verschont.

„Wir haben das moralische Recht und die Pflicht unserem Volk gegenüber, dieses Volk, das uns umbringen wollte, umzubringen".

H. Himmler 1941

Im Lagerkomplex Auschwitz wurden über eine Million Menschen ermordet. Von den mehr als 5,6 Millionen Opfern des Holocaust wurden etwa eine Million Juden als rassistisch verfolgte Menschen in Auschwitz-Birkenau ermordet. Des Weiteren gab es ca. 160.000 nichtjüdische Opfer, darunter ebenfalls rassistisch begründet Sinti und Roma sowie Polen, zudem auch männliche Homosexuelle aufgrund ihrer Sexualität. Etwa 900.000 der deportierten Personen wurden direkt nach ihrer Ankunft in den Gaskammern ermordet. Weitere 200.000 Menschen kamen durch Krankheiten, Unterernährung, Misshandlungen und medizinische Versuche zu Tode oder wurden später als zur weiteren Zwangsarbeit untauglich selektiert und ermordet.

Auschwitz-Birkenau, auch *KL Auschwitz II* genannt, wurde 1941 als Arbeits- und als Vernichtungslager mit später insgesamt sechs Gaskammern und vier Krematorien errichtet. Unter äußerst widrigen Bedingungen wurden hier viele hunderttausende Häftlinge gefangen gehalten, zur Zwangsarbeit angehalten und massenhaft durch unbehandelte Krankheiten, Erfrierungen, unzureichende Ernährung, körperliche Erschöpfung, medizinische Experimente, Exekutionen oder Vergasen getötet. Viele Gefangene aus ganz Europa wurden bereits am Tag ihrer Ankunft vergast.

Ca. 1,3 Millionen Menschen wurden hierher deportiert.
Als die rote Armee das Lager befreite fand sie noch ca. 8500 Häftlinge vor.

„Für mich ist Auschwitz der größte Friedhof der Welt"
Eve Umlauf. Überlebende des Holocaust.

Das Lager unterteilt sich grob betrachtet in acht verschiedene
bauliche Bereiche

1. Drei Gefangenenlager, die von Süd nach Nord B I, B II und B III (B steht für Bauabschnitt) genannt wurden, und darin mit Kleinbuchstaben a, b etc. benannte Teillager, auch so genannte *Felder* mit bis zu 40 Baracken, die durch Stacheldrahtverhaue getrennt waren. Umgangssprachlich wurden sie nach der dort jeweils eingesperrten Gefangenenkategorie benannt. Jeweils bei deren Eingang befanden sich die Wachhäuser der SS-Mannschaften (Blockführer) und bereits innerhalb der extra Umzäunung des Feldes die jeweilige Küchenbaracke.

2. Das separate Frauenlager bestand im Bauabschnitt I von September 1942 bis 1945. Davor war dies das Kriegsgefangenenlager russischer Soldaten. Dass in diesem KZ dann gleichzeitig neben Männern Frauen gefangen waren, stellte eine Besonderheit unter den Konzentrationslagern der SS dar.

3. Zwischen den Gefangenenlagern in den Abschnitten B I und B II wurde erst 1944 die Zug-Rampe für die Deportationszüge errichtet. Sie hatte nur eine Zufahrt von Osten her durch das mit seinem aufgesetzten Wachturm markante Torhaus.

4. Züge konnten vom Güterbahnhof Oświęcim her in den Lagerbereich einfahren. Dort fanden an der so genannten *Alten Judenrampe* von 1942 bis Mai 1944 die Selektionen über Tod oder vorläufiges Weiterleben statt.

Die alte Rampe, südlich vom Bahnhof Auschwitz.

Wo Worte enden, beginnt das Bild; denn das was hier geschah,
geht über das Maß all dessen, was Worte ausdrücken können.

Sie wurden wie Heringe in der Büchse zusammengepfercht und wie Vieh transportiert.

Keine Luft zum Atmen, kein Wasser, nichts zum Essen. Nur Urin, Kot und ein bestialischer Gestank, den man mit Worten nicht beschreiben kann.

Viele überlebten den Transport nicht. Einige waren bereits in der Fäulnisphase und Leichenflüssigkeit trat aus.

43

Und die, die überlebt, aber zu schwach waren, wurden sofort erschossen. Auch Kinder wurden nicht verschont.

5. An deren westlichen Enden wurden die beiden ersten Gebäude mit kombinierten Gaskammern und Krematorien errichtet. Im NS-Sprachgebrauch hießen sie vermutlich aus Tarngründen nur Krematorium II und III.

6. Die zunächst als Gaskammern verwendeten Häuser („Rotes" und „Weißes Haus") befanden sich westlich etwas abseits.

7. Der Lagerbereich zur Weiterverwertung von Häftlingsgut (genannt „Kanada") schloss sich im Westen an den Lagerabschnitt B II an.

8. An der Straße nach Oświęcim im Osten schlossen sich die Kommandantur *(Kommandantur   II)* und   das SS-Kasernen-Gelände an. Es wurde 1944 noch um ein Lazarett für die Waffen-SS *(SS-Lazarett)* erweitert. Das am 1. September 1944 eingeweihte SS-Lazarett wurde durch einen alliierten Bombenangriff am 26. Dezember 1944 zerstört.

9. Verschiedene Infrastrukturgebäude wie Kartoffelbunker, Kläranlagen, Wasserwerk lagen außerhalb des Gefangenenlagerbereichs. Die Entwässerungsgräben liefen von den Latrinen der verschiedenen „Felder" aus in westlicher Richtung und dort am Lagerrand in Sammelgräben zu den Kläranlagen.

Insgesamt war das Lager umgeben von einer durch Hochspannung gesicherten mehrfachen Umzäunung mit über 30 in Sichtweite errichteten hölzernen Wachtürmen.

Im Frühjahr 1942 begannen die Massendeportationen von Juden mit Zugtransporten aus Polen, aus Frankreich, aus der Slowakei und aus dem deutschen Reichsgebiet.

Mitte des Jahres waren schon 16.000 Juden aus Polen, über 4000 aus Frankreich und mehr als 1000 aus der Slowakei in dem Vernichtungslager inhaftiert. In den kommenden Jahren steigerten sich die Transporte bis zu ihrem Höhepunkt im Jahre 1944 mit 600.000 Juden, von denen 500.000 <u>direkt nach der Ankunft</u> in den Gaskammern ermordet wurden. Überall in den besetzten europäischen Ländern gab es Durchgangslager, von denen aus die Deportationszüge in die östlichen Vernichtungslager rollten. Die polnische Bevölkerung wurde nach und nach aus dem Interessengebiet vertrieben. Es war somit von der Umgebung abgeschnitten und gut kontrollierbar. Viele Fluchtversuche von Häftlingen sind aufgrund dieser für sie nicht erkennbaren tiefen Staffelung des gesamten Komplexes gescheitert.

Neben dem *I.G.-Farben-Industriekomplex Buna*, einem neu errichteten Werk für synthetischen Treibstoff und Gummi, wurde schließlich das KZ Auschwitz III Monowitz als KZ mit der Hauptfunktion als Arbeitslager dieser Fabrik errichtet, das nicht innerhalb des Interessengebietes lag. Damit wollte die Werksleitung in Absprache mit der SS erreichen, dass die „Arbeitskräfte" nicht von täglichen Fußmärschen von und zum jeweiligen Stammlager entkräftet wurden. Zugleich erhielt die Werksleitung mehr Einfluss auf die Zusammensetzung der eigenen Zwangsbelegschaft. Die *Zentrale Sauna* (offizieller Name *BW.32*) in Auschwitz-Birkenau diente zugleich als Aufnahmegebäude und als *Desinfektions- und Entwesungsanlage*.

In diesem Gebäude lief die Aufnahmeprozedur der neu ins Lager angekommenen Häftlinge ab. Ihnen wurden Nummern zugewiesen, und schwangere Frauen und erkrankte Häftlinge, die bei der Selektion auf der „Rampe" nicht aufgefallen waren, wurden noch zuvor aus den arbeitsfähigen Häftlingen zur sofortigen Ermordung aussortiert.

Entstehung

Am 1. März 1941 besichtigte Reichsführer SS Heinrich Himmler erstmals das Stammlager Auschwitz. Himmler beauftragte die SS mit einer grundlegenden baulichen, personellen und operativen Erweiterung des „Interessenbereiches KL Auschwitz".

Das Gebiet des neuen Lagerkomplexes sollte insgesamt 40 km² umfassen, eine Aufnahmekapazität von 100.000 Häftlingen erreichen und mehrere SS-eigene Produktionsstätten und agrarwissenschaftliche Versuchsstandorte unterhalten.

Im Sommer des Jahres 1941 erhielt der Kommandant des Stammlagers Auschwitz Rudolf Höß durch die Adjutantur des Reichsführers SS den Befehl, zu einer Dienstbesprechung mit Himmler in Berlin zu kommen. Gemäß der Zeugenaussage von Höß vor dem Internationalen Militärgerichtshof in Nürnberg und seinen eigenen Aufzeichnungen eröffnete Himmler Höß während dieses Gespräches, der Führer Adolf Hitler habe die „Endlösung der Judenfrage" befohlen und die SS müsse diesen Befehl ausführen. Er, Himmler, habe Auschwitz für die kommenden „großen Aktionen" ausgewählt, weil die bestehenden „Vernichtungsstellen" im Osten nicht die notwendigen Kapazitäten hätten.

Auschwitz komme dafür in Frage, weil es durch seine Anbindung an das oberschlesische Schienennetz in Kattowitz verkehrstechnisch günstig liege. Das umliegende Gebiet sei großflächig, leicht abzusperren und leicht zu tarnen. Himmler wies Höß an, sich auf einen Besuch Adolf Eichmanns in Auschwitz einzustellen. Dieser werde mit Höß vor Ort die Konzeption und Planung des zukünftigen Vernichtungslagers besprechen. Eichmann war zu diesem Zeitpunkt Leiter des „Judenreferats" innerhalb des Reichssicherheitshauptamtes und mit der administrativen Abwicklung der „Endlösung der Judenfrage" beauftragt.

Kurz nach Höß' Rückkehr nach Auschwitz besuchte Eichmann das KZ Auschwitz und informierte Höß über die Pläne zur Vernichtung des europäischen Judentums.

Nach dem Bau des zentralen Vernichtungslagers sollten zunächst bevorzugt Transporte mit Juden aus Ostoberschlesien und den angrenzenden Gebieten des Generalgouvernements nach Auschwitz geschickt werden; dann sollten Juden aus dem Rest Europas nachfolgen. Eichmann sagte, dass bei den großangelegten Aktionen angesichts der Massen Menschen, die vernichtet werden sollten, ein todbringendes Gas das bevorzugte Tötungsmittel sein müsste. Er wolle sich nach einem geeigneten Gas erkundigen, das leicht beschaffbar wäre und „keine besonderen Anlagen erforderte". Höß und Eichmann inspizierten daraufhin das Gelände und hielten „ein Bauerngehöft an der Nord-West-Ecke des späteren Bau-Abschnittes III Birkenau" als Vernichtungsanlage geeignet, da es durch ein umliegendes Waldgebiet sowie Hecken vor Blicken geschützt sei und in der Nähe der Bahngleise liege.

Nach Höß' und Eichmanns Berechnung konnten in dem Gebäude täglich ca. 800 Menschen mit Gas (Zyklon B) getötet werden.

Im Herbst 1941 ließ der SS-Hauptsturmführer Karl Fritzsch im Keller von Block 11 des Stammlagers Auschwitz-I 600 sowjetische Kriegsgefangene sowie 250 kranke Häftlinge mit Zyklon B vergasen.

Der Lagerkommandant Rudolf Höß entschied sich daraufhin, ausschließlich dieses Giftgas zu verwenden, weil er es gegenüber Motorabgasen und Kohlenstoffmonoxid aus Gasflaschen für „effektiver" hielt.

Die Nazis sprachen zwar von einer "humanen" Vernichtung. Dies galt jedoch nicht für die Opfer, sondern für die Täter. (…) <u>Für SIE sollte ihre Mordausführung "human" und einfach sein, um ihre Psyche zu schonen.</u>

Im KZ Auschwitz-Birkenau wurde Zyklon B vom Frühjahr 1942 an verwendet, um Lagerinsassen und Neuankömmlinge aus den Ghettos in als Duschräume getarnten Gaskammern massenhaft und in industriellem Umfang zu ermorden. Es wird nicht ausgeschlossen, dass unabhängig davon schon Ende 1939 im Fort VII in Posen Zyklon B zur Tötung psychisch kranker verwendet worden war, um an ihnen die Wirkung des Giftgases zu erproben.

Juden, die in die Gaskammern geschickt wurden, wussten in der Regel nicht, was ihnen bevorstand. Stattdessen wurde ihnen gesagt, dass sie zum Duschen und zur Entlausung geschickt würden. Die Erklärung war plausibel, weil die Lager regelmäßig von Plagen krankenübertragender Läuse heimgesucht wurden.

Der Tod durch Zyklon B war grauenvoll. Es war ein elender, schmerzhafter Vorgang des Erstickens, der sich bis zu einer halben Stunde hingezogen hat. Nach wenigen Minuten begannen die Menschen zu krampfen teilweise so stark, dass Schaum aus dem Mund austrat. Es wurden in den Gaskammern Menschen gefunden, die sich in andere Körper so verkrampften, dass sie kaum auseinandergebracht werden konnten.

Dass Kinder als letzte starben sind auf Aussagen der SS-Täter oder Häftlinge die dort Aushelfen mussten zurückzuführen. Diese berichteten das in der Regel das Gas nach oben strömte und größere Menschen deshalb zuerst starben oder Eltern ihre Kinder beatmeten in der Hoffnung, dass wenigstens diese überleben.

Das Gas würde auch nicht wie fälschlicherweise angenommen durch die Duschköpfe eingeleitet, sondern in der Mitte des "Duschraumes." Dort gab es falsche Abluftanlagen, welche bis zum Boden mit Gittern versehen waren. Dann wurde die Tür verschlossen und Pellets von Zyklon B aus einem verschlossenen Behälter entnommen und durch Lüftungsschlitze in den Raum gekippt. An der Luft lösten sich die Pellets in einem hochgiftigen Gas auf. Dies bedeutete, dass die Menschen in der Kammer mitbekommen haben, dass sie umgebracht werden sollen und dass man bei vollem Bewusstsein mit ein paar Hundert anderen Menschen qualvoll stirbt. In Panik kämpften sich die Stärkeren nach oben, in der Hoffnung noch etwas länger Luft zu bekommen. Viele wurden regelrecht zu Tode getrampelt. Dann folgte die grässliche Arbeit, die Leichen aus den Gaskammern zu holen und die Leichen in Öfen oder offenen Gruben einzuäschern.

Nach der Abreise Eichmanns arbeitete Höß laut eigener Aussage an einem detaillierten Lageplan, zusammen mit einer Beschreibung der künftigen Gaskammer. Den Plan sandte er per Kurier an Himmler. Dieser ließ ihm durch Eichmann später mitteilen, er sei mit Höß' Plänen einverstanden. Im Oktober begannen die Bauarbeiten für den neuen Lagerkomplex. Als Ort wurde ein Gebiet in der Nähe des Dorfes Brzezinka (Birkenau) gewählt, das sich zirka drei Kilometer vom Stammlager entfernt befand. Die polnischen Bewohner wurden gezwungen, ihre Häuser und ihr Dorf zu verlassen. Gemäß den Bauplänen vom Herbst 1941, die durch die Amtsgruppe C des SS-Wirtschafts- und Verwaltungshauptamtes entworfen worden waren, hatte sich die ursprünglich von Himmler angestrebte Lagerkapazität inzwischen verdoppelt.

Der Plan sah nun für das Lager in Birkenau bis zu 200.000 Häftlinge vor, die in rund 600 Baracken untergebracht werden sollten.

Die KZ-Baracken

Bei einer Baracke handelte es sich in der Regel um ein einfaches Holzgebäude (Typ Pferdestall) ca. 30 Meter lang ca. 10 Meter Breit.

Fast jede Baracke in den Konzentrationslagern wurde durch eine Zwischenwand quer geteilt. In jedem Teil gab es zwei große und zwei kleine Räume. In den Schlafräumen waren entlang der Außenwand drei Zwischenböden eingezogen, die durch weitere Unterteilungen die zwei bzw. dreigeschossigen Schlafkojen bildeten. Auf diese Weise wurden pro Baracke 400 bis zu 700 Menschen untergebracht. Es wurde auch von einer Belegung von über 1000 berichtet.

Die Gefangenen lagen im KZ Auschwitz-Birkenau in für Pferde vorgesehenen Holz-Stallboxen, in denen dreistöckige Holzgestelle als Schlafplätze aufgestellt wurden. Meist mussten Gruppen von 8 bis 12 Mann in einem solchen Regalabschnitt liegen und konnten sich nachts wegen der Nachbarn nicht frei bewegen. Ebenso konnten sie in der Nacht nicht zu den Toiletten-Baracken, da ihnen verboten wurde, die Schlafstelle in der Nacht zu verlassen.

Die Innenausstattung war so primitiv, dass sie eher einem Tierstall glich. Waschmöglichkeiten und Toiletten gab es in den Baracken oft gar nicht oder nur teilweise. Kleidung und Schlafpritschen der Gefangenen waren häufig mit Kot verschmutzt, weil nahezu alle KZ-Häftlinge an Hungerdurchfall litten. Überall gab es Ungeziefer und Ratten.

Unzureichende Ernährung und schwerste körperliche Arbeit zehrten die Gefangenen aus. Die Arbeit ohne geeignete Ausrüstung führte zu vielen Verletzungen. Die Enge der Baracken und die mangelnde Hygiene im Lager förderten die Verbreitung von Krankheiten wie Krätze, Fleckfieber, Tuberkulose, Scharlach, Masern, Ruhr und Typhus. Die durch Krankheit arbeitsunfähig gewordenen Häftlinge galten der SS als nutzlos. Für sie gab es kaum ärztliche Betreuung. Sie wurden von SS-Ärzten für medizinische Versuche missbraucht, mittels Giftinjektionen und in der Gaskammer ermordet oder in abgetrennten Lagerbereichen sich selbst überlassen, wo sie elendiglich starben.

Für die Bauarbeiten in Birkenau separierte die SS im Stammlager neun Blöcke und lieferte dort 10.000 sowjetische Kriegsgefangene ein, die als Bautrupp für das zu errichtende neue Lager vorgesehen waren. Fünf Monate später, am 1. März 1942, lebten von diesen Gefangenen nur noch 925. Sie wurden zu diesem Zeitpunkt zusammen mit anderen Gefangenen in das neue Lager eingewiesen. Das Barackenlager war etwa fünf Quadratkilometer groß. Es war in mehrere Sektionen unterteilt, die wiederum in Felder gegliedert waren. Diese Felder sowie das gesamte Lager waren mit einem doppelten Elektrozaun aus Stacheldraht umzäunt, der unter einer bei Berührung tödlich wirkenden Spannung von 6000 Volt stand. Im Abstand von etwa 150 Metern standen zwischen diesen beiden Zäunen fünf Meter hohe Wachtürme, die mit Maschinengewehren und Scheinwerfern ausgestattet waren. Vor dem inneren Hochspannungszaun stand noch ein gewöhnlicher Drahtzaun. Dieses Bewachungssystem bildete die nachts geschlossene „kleine Postenkette".

Östlich davor, außerhalb der „kleinen Postenkette", befanden sich etwa seit Anfang 1943 eine Kommandantur-Baracke und der Unterkunftsbereich für die SS-Wachkompanien. Bis November 1943 wurden das neue Kommandantur-Gebäude (Kommandantur II) von Auschwitz-Birkenau und die Kaserne der SS fertiggestellt. Im Laufe der Zeit entstanden mehrere Schutzhaftlager.

Diese Lagerbereiche wurden im Lagerjargon wie folgt benannt:

- das Männerlager,

- das Quarantänelager,

- das Frauenlager (seit 16. August 1942; B I,

- den Häftlingskrankenbau (II o,p),

- das Effektenlager „Kanada" (II f),

- das Sinti- Roma-lager (seit Frühjahr 1943),

- das Theresienstädter Familienlager (seit Herbst 1943; in II b, mit Häftlingen aus dem Ghetto Theresienstadt/Terezin),

- das Lager „Mexiko" (Bauabschnitt III), Lager für ungarische Juden (05 bis 10/1944).

Das Lager war zunächst als Arbeitslager kleineren Umfangs gedacht, in dem Kriegsgefangene und andere Häftlinge Zwangsarbeit für die SS leisten sollten.

Bereits in der Planungsphase veränderte sich jedoch seine Bestimmung, und die angestrebte Zahl der Häftlinge wurde deutlich erhöht. Im Herbst 1942 wurden in Auschwitz-Birkenau erstmals sowjetische Kommissare und arbeitsunfähige Häftlinge mit Zyklon B umgebracht, nachdem bereits Ende 1941 Versuche damit im Stammlager stattgefunden hatten. Wenig später wurden Mütter mit Kindern und nicht zur Arbeit taugliche Personen aus den eintreffenden Transporten in die Gaskammern getrieben und dort umgebracht. Ab April 1942 wurde die überwiegende Mehrzahl der herantransportierten Juden sofort ermordet. Auschwitz-Birkenau hatte damit die Funktion eines Vernichtungslagers übernommen, wurde aber zugleich auch als Konzentrations- und Arbeitslager weiterverwendet.

Selektion und Vergasung

Die meisten Opfer kamen in Auschwitz-Birkenau mit dem Zug an, oft nach tagelangen Reisen in Viehwaggons. Die ankommenden Gefangenen wurden von einer Entladerampe (alte Rampe, südlich vom Bahnhof Auschwitz) zu Fuß ins Lager getrieben. Im Frühjahr 1944 wurde ein Gleisanschluss direkt bis ins Lager zur neuen Rampe gelegt Manchmal wurde der ganze Transport direkt in die Gaskammern geschickt – meistens wurde erst eine Selektion durchgeführt, bei der die „Schwachen, Alten und Kranken" von den „Arbeitsfähigen" nach Augenschein getrennt und zur Gaskammer geführt wurden. Die Einteilung der Lagerärzte zur Selektion und die Leitung der Selektionen nahm der Standortarzt Eduard Wirths vor. An diesen Selektionen war auch der für grausame pseudowissenschaftliche medizinische Experimente berüchtigte Lagerarzt Josef Mengele beteiligt.

Im damaligen Sprachgebrauch wurde der Begriff *Selektion* nicht verwendet. Die Tätigkeit wurde als *Rampendienst* bezeichnet, der Vorgang selbst als *Aussortierung*.

In Auschwitz-Birkenau gab es in vier Krematorien und in zwei Bauernhäusern Gaskammern. Sie wurden aber nicht alle im gleichen Zeitraum genutzt. Im Laufe des Jahres 1942 wurden zunächst die Bauernhäuser als Gaskammern verwendet. Im ersten Halbjahr 1943 gingen dann die vier Krematorien in Betrieb, von denen zwei im Untergeschoss Gaskammern von 210 Quadratmetern Grundfläche enthielten.

Die beiden anderen Krematorien hatten oberirdische Gaskammern von je 236 Quadratmetern Gesamtfläche. Vier Baufirmen waren vor Ort am Bau beteiligt.

Während die SS-eigenen Deutschen Ausrüstungswerke (DAW) für den Bau der Türen und Fenster verantwortlich waren, wurden die Verbrennungsöfen und die Lüftungsanlagen der Gaskammern von der Erfurter Firma J. A. Topf & Söhne konstruiert, eingebaut, gewartet und repariert.

In der Zeit zwischen 4. und 16. Mai 1943 inspizierte der Chef des SS-Personalhauptamtes, der SS-Gruppenführer Herff, die SS-Einrichtungen im besetzten Polen. Von den Massenmorden in Auschwitz gibt es einen eindeutigen SS-internen Bericht über die Abläufe der Vernichtung der Opfer von ihm aus dieser Zeit.

Zwangsarbeit und Bewachungssystem

Die Häftlinge, die die Selektion überlebten, mussten vor allem in den ans Lager angrenzenden Industrie beziehungsweise Rüstungsbetrieben aber auch Landwirtschaftsbetrieben Zwangsarbeit leisten. Es mussten auch Industrieanlagen zur Herstellung von synthetischem Benzin oder Synthesekautschuk im Auftrag der I.G. Farben erstellt werden. Auch andere deutsche Firmen wie Krupp oder SS-Firmen unterhielten Werke in der Nähe; sie zahlten den NS-Stellen eine „Miete" für jeden überlassenen Arbeitssklaven, von der die SS, über das WVHA in Berlin, profitierte.

Die Postenketten

Das Fabrikgelände und die „Landwirtschaftsbetriebe" waren weiträumig von der „großen Postenkette" umgeben. Beim morgendlichen Zählappell wurden alle Häftlinge gezählt, auch die in der Nacht Verstorbenen, und dann marschierten viele Arbeitskommandos zu Arbeitsplätzen aus dem Lager heraus.

Die Arbeitskommandos und die jeweiligen Arbeitsplätze durften nicht ohne Bewachung und schriftlichen Befehl verlassen werden. Waren die Häftlinge beim Abendappell vollzählig ins Lager zurückgekehrt, wurde die äußere Bewachung aufgelöst. Die Häftlinge befanden sich nachts also innerhalb der „kleinen Postenkette" und arbeiteten am Tag innerhalb der „großen Postenkette". Funktionshäftlinge (Kapos) überwachten die Arbeitsleistungen und nachts die „Ordnung" innerhalb der Blocks. Durch dieses System genügten relativ wenige Bewacher, um das Terrorregime aufrechtzuerhalten.

Die Lagerorchester

Die SS zwang weibliche und männliche Musiker täglich beim Marsch zu und von den Arbeitsstellen am Lagertor Musik, vor allem Marschmusik zu spielen und damit vor allem zur Abwechslung für die Wächter beizutragen. Das Orchester habe auch bei den Selektionen an den Rampen gespielt. Sie mussten auch regelrecht Konzerte für die SS-Angehörigen veranstalten, immer unter dem Druck, bei Missfallen selbst der Vernichtung zugeführt zu werden. Die überlebende Zeitzeugin Esther Béjarano wurde als Akkordeonspielerin verpflichtet, da es kein Klavier gab. Die Anordnung der Tasten auf der rechten Seite des Akkordeons waren wie beim Klavier, die mit den Knöpfen auf der linken Seite zu spielenden Bässe waren ihr allerdings fremd. Hilfreich war der Knopf, der mit C-Dur markiert war, da sie daraus die anderen Bässe ableiten konnte. Innerhalb weniger Minuten lernte sie, Akkordeon zu spielen, ohne jemals ein solches Instrument vorher in der Hand gehabt zu haben, und so spielte sie auf Anhieb beim Vorspielen den Schlager *Bel Ami*.

Esther überlebte das Lager vermutlich nur, weil sie im Mädchenorchester als Akkordeonistin unentbehrlich war. <u>Die SS zwang die Musikerinnen, fröhliche Märsche zu spielen, während andere Häftlinge in die Gaskammern geführt wurden.</u>

In den 1970er-Jahren erlebt Esther, wie Neonazis in der Nähe ihres Ladens Propaganda machen. Die Jüdin ist entsetzt. Esther beschließt, sich gegen Rechtsextremismus zu engagieren und von ihren Erlebnissen zu berichten. Vor allem Jugendlichen erzählt sie immer wieder, was sie als verfolgte Jüdin erlebt hat. Als Friedensaktivistin erhält Bejarano viele Auszeichnungen.

Über ihr Leben schreibt sie die Bücher: "Wir leben trotzdem" und "Erinnerungen".

Auch mit über 90 Jahren engagierte sie sich noch: *"Als politisch interessierter Mensch muss ich sehen, was geschieht, und dagegen kämpfen."*

„Ihr tragt keine Schuld für das was passiert ist, aber ihr macht euch schuldig, wenn es euch nicht interessiert."

Esther Bejarano,
Auschwitz-Überlebende

Am 10. Juli 2021 starb Esther Bejarano in ihrer Wahlheimat Hamburg. Sie wurde 96 Jahre alt.

Deutsche Firmen

Die Zwangsarbeiter waren vollkommen rechtlos und nicht nur der Willkür des SS-Wachpersonals, sondern auch jener der Zivilangestellten der deutschen Firmen ausgeliefert. Plötzliche Entschlüsse, Personen wegen geringster „Vergehen" oder einfach aus einer Laune heraus zu ermorden, waren an der Tagesordnung. Der Tod war den Häftlingen ständig vor Augen.

Der Massenmord an den ungarischen Juden

Mit der Operation Margarethe marschierte die Wehrmacht am 19. März 1944 in Ungarn ein. Dort lebte noch die größte Gruppe europäischer Juden einer Nation, die bislang vom Holocaust verschont geblieben war. Von den ca. 795.000 ungarischen Juden wurden von Mai bis Juli 1944 rund 438.000 nach Auschwitz-Birkenau deportiert. Am 15. Mai begannen die allgemeinen Deportationen mit mindestens drei Güterzügen täglich und ungefähr 4000 Menschen in jedem Zug. Die Mehrzahl von ihnen wurde sofort in die Gaskammern getrieben, ein Teil der Arbeitsfähigen wurde als Zwangsarbeiter in andere Lager überstellt. Von den 795.000 ungarischen Juden wurden insgesamt rund 508.000 deportiert. Neben den Transporten von 438.000 Juden nach Auschwitz wurden ab Oktober 1944 weitere 64.000 Juden zur Zwangsarbeit in der Rüstungsindustrie ins Reichsgebiet deportiert. Von den Deportierten kamen rund 382.500 ums Leben, der auf Auschwitz entfallende Anteil der Opfer wurde bislang nicht exakt ermittelt. Weitere 120.000 Juden starben in Ungarn bzw. wurden dort ermordet. Damit ergibt sich für Ungarn insgesamt eine Opferzahl von ca. 502.000 Juden.

Die Ermordung der Sinti und Roma

In Auschwitz-Birkenau wurde von Februar 1943 bis August 1944 der Abschnitt B II e genutzt. Dorthin wurden durch das Reichssicherheitshauptamt (RSHA) Familien und Einzelpersonen deportiert, die im Sinne einer „Regelung der Sinti- und Roma-Frage aus dem Wesen dieser Rasse" Die Deportierten kamen überwiegend aus dem Altreich und Österreich. Von den rund 22.600 Personen starben über 19.300. Davon erlagen über 13.600 der planmäßigen Mangelernährung, den Krankheiten und Seuchen, und mehr als 5.600 wurden in Gaskammern ermordet. Andere wurden Opfer von individuellen Gewaltattacken oder von Medizinverbrechen, unter anderem durch den KZ-Arzt Josef Mengele.

Josef Mengele gehört zu den infamsten Gestalten des Holocaust. Seine Tätigkeit in Auschwitz und die dort von ihm durchgeführten medizinischen Experimente machten ihn zweifellos zum bekanntesten Täter der an diesem Ort verübten Verbrechen.

Mengele trat durch seine besonders rücksichtslose und menschenverachtende Art der Bekämpfung von Krankheiten und Seuchen hervor, die bei den schlechten Lebensbedingungen im Lager weit verbreitet waren. Als Ende 1943 im Frauenlager, das zu diesem Zeitpunkt unter seiner Aufsicht stand, eine Typhusepidemie ausbrach, ließ er die 600 Insassinnen eines ganzen Blocks vergasen und den Block anschließend desinfizieren. In diesen Block wurden dann die Frauen des nächsten Blocks verlegt, der geleerte Block desinfiziert und so fort. So ging er auch gegen ungarische Jüdinnen im Lager B II c vor, die an Scharlach erkrankt waren, und gegen jüdische <u>Kinder</u> im Lager B II a, unter denen sich die Masern verbreitet hatten. Auch im Sinti- und Roma-Lager schickte Mengele alle Kranken mit solchen potentiell epidemischen Infektionen in die Gaskammern.

Rudolf Höß zufolge, dem Kommandanten des KZ Auschwitz, hielt sich Mengele dabei an einen Geheimbefehl Heinrich Himmlers, wonach die Kranken im Sinti- und Roma-Lager, <u>besonders die Kinder, durch die Ärzte unauffällig zu beseitigen seien.</u> Sein Vorgesetzter Wirths schlug Mengele gerade wegen seiner Tätigkeit bei der Seuchenbekämpfung im Februar 1944 für das Kriegsverdienstkreuz vor. Im Juli 1944 leitete Mengele die Liquidierung des „Familienlagers Theresienstadt", wobei unter dem Vorwand der Bekämpfung einer Flecktyphusepidemie ca. 4000 Menschen ermordet wurden. Am 19. August 1944 urteilte Wirths, Mengele habe alle ihm gestellten Aufgaben oft unter schwierigsten Voraussetzungen zur vollsten Zufriedenheit seiner Vorgesetzten erfüllt und sich jeder Lage gewachsen gezeigt. Aufgrund der Krankheiten und der mangelhaften Ernährung starben von den etwa 22.600 nach Auschwitz deportierten Sinti und Roma – mehr als die Hälfte von ihnen Frauen und Kinder – bis Ende 1943 rund 70 %.

Bis zum Beginn ihrer systematischen Ermordung starben ca. 13.600 Insassen. Die wohl im Mai 1944 beschlossene Liquidierung des Sinti Roma-Lagers wurde von Mengele befürwortet und umgesetzt. Nach Mengeles Selektion der noch Arbeitsfähigen, die zunächst in das Stammlager des KZ Auschwitz verlegt und anschließend in andere Konzentrationslager verbracht wurden, beaufsichtigte er persönlich die gewaltsame Auflösung des Lagers am 2. August 1944.

Dabei wurden die verbliebenen Insassen, nach verschiedenen Angaben zwischen 2897 und 3300, in den Gaskammern ermordet. Die polnischen Häftlingsärzte Tadeusz Śnieszko, Tadeusz Szymański und Danuta Szymańska berichten, die Arbeitsweise Mengeles als Lagerarzt im Sinti- Roma-Lager sei „überhaupt sehr eigenartig" gewesen. Bei Inspektionen habe er sich milde gezeigt, sodass selbst die weniger gewandten Sinti und Roma sich an ihn mit ihren Bitten und Klagen wandten und ihn mit „Vater, Väterchen, Onkel" oder ähnlichem anredeten. An den vielen Kranken aber habe Mengele im Allgemeinen kein Interesse gezeigt. Bei Entlausungsaktionen ließ er Kranke ohne Rücksicht auf ihren Zustand stundenlang nackt ausharren, auch im Winter bei Schnee und Regen im Freien, sodass viele starben. 60 Tuberkulosekranke schickte er im Spätherbst 1943 offenkundig in die Gaskammern, sodass es keiner mehr wagte, sich mit Brustschmerzen krankzumelden. Krätze bekämpfte er im Frühjahr 1944 mit einem Säurebad, das zwar desinfizierte, aber lebensgefährlich war. Das besondere Interesse Mengeles erregten allein die sich ausbreitende Erkrankung an Noma, Zwillinge, Kinder mit angeborenen Anomalien und Menschen mit unterschiedlich farbigen Augen (Iris-Heterochromie).

Selektionen

Zu den Hauptaufgaben der Lagerärzte in Auschwitz gehörte es, Selektionen vorzunehmen. Turnusmäßig selektierten die Ärzte bei ankommenden Transporten an der sogenannten Rampe, aber auch regelmäßig im Lager selbst. Sie entschieden im Wesentlichen durch Augenschein darüber, wer unmittelbar getötet werden sollte oder nicht. Vor allem Kinder, Alte, Kranke, Behinderte, Schwache und Schwangere wurden zur sofortigen Vergasung bestimmt, die von den Ärzten auch beaufsichtigt wurde. Von Mengele wird berichtet, dass er sich förmlich danach drängte, Selektionen vorzunehmen, während andere SS-Ärzte wie Münch diese Aufgabe nach Möglichkeit vermieden. Der Günzburger SS-Mann Richard Boeck, der in Auschwitz der Fahrbereitschaft des Stammlagers angehörte, berichtete im Ermittlungsverfahren gegen Mengele 1971 von der Selektion eines Transportes ungarischer Juden. Mengele habe die Kolonne der Deportierten an sich vorüberziehen lassen und mit dem Daumen mal nach links, mal nach rechts gewiesen. Mit dieser Geste schickte er die einen in die Gaskammern, die anderen ins Lager.

Überlebende berichten, dass der stets sehr gepflegt und sehr gut aussehende Mengele aufgefallen sei, weil er durchaus nicht wie ein Mörder ausgesehen habe. Er habe zuweilen gelächelt und manchmal eine Opernarie gepfiffen.

Auch innerhalb des KZ Auschwitz wurden immer wieder Selektionen vorgenommen, bei denen Mengele derjenige gewesen sei, der immer weit über die vorgeschriebene Zahl hinausging.

Der Lagerälteste des Birkenauer Quarantänelagers für Juden, Hermann Diamanski, berichtete 1959 im Ermittlungsverfahren, dass Mengele von Block zu Block ging und auf diejenigen Häftlinge wies, die er zur Vergasung oder Erschießung bestimmte. Bei einem Transport aus Litauen, durch den ca. 80 bis 90 Kinder und Jugendliche ins Lager kamen, stellte Mengele einen ca. 1,20 bis 1,40 m hohen Rahmen auf. Wer durch diesen Rahmen ging, ohne anzustoßen, war zur Ermordung bestimmt. Diese Methode der Selektion wird auch von weiteren Zeugen bestätigt.

Bei Selektionen im Krankenbau pflegte Mengele häufig aber auch eine Art indirekter Selektion, bei der er sich von den Häftlingsärzten eine Liste mit Diagnosen und Prognosen vorlegen ließ und auf der Grundlage dieser Unterlagen entschied. Nicht selten versuchten die Häftlingsärzte und Pfleger, gegen Mengele zu arbeiten, etwa indem sie falsche Häftlingsnummern der Selektierten aufschrieben, Nummern übersprangen oder selektierte Häftlinge zu verstecken versuchten, was manchmal, aber nicht immer gelang und bei Mengele, wenn er es entdeckte, regelmäßig zu Wutanfällen führte. Allein durch die Selektionen innerhalb des Lagers war Mengele an der Tötung Zehntausender Menschen beteiligt. Man schätzt, dass Mengele 1943 und 1944 allein in den Lagerabschnitten B II b, B II c, B II e und B III rund 51.000 Frauen und Kinder in den Tod schickte.

Die Zahl der Opfer seiner Krankenselektionen geht ebenfalls in die Tausende, denn bei jeder Selektion seien jeweils 400 bis 800 Häftlinge „aussortiert" worden. Bei der Auflösung des Sinti- und Roma-Lagers und auch der des „Familienlagers" Theresienstadt selektierte Mengele die noch arbeitsfähigen Häftlinge und ließ die übrigen vergasen.

De Benedetti berichtete, dass er 1944 in Monowitz vier Krankenselektionen durch Mengele unterzogen worden sei. Im Lager Monowitz fanden diese Selektionen in zwei Etappen statt. Die erste Auswahl wurde von einem SS-Offizier getroffen, assistiert von den Ärzten des Krankenbaus im Lager, und ein paar Tage später kam Dr. Mengele und bestätigte durch eine zweite, ebenso rasche und oberflächliche Überprüfung die Auswahl des Ersten. Diese sei endgültig gewesen und stellte ein unanfechtbares Urteil und ein unwiderrufliches Todesurteil dar.

Medizinische Experimente und Untersuchungen.

Die „Wasserkrebs" Experimente

Besondere Aufmerksamkeit widmete Mengele dem „Wasserkrebs" (Noma), einer seltenen bakteriellen Infektionskrankheit. Dabei entsteht zunächst eine Wasserschwellung an der Wange, die sich bei fortschreitender Entzündung zu Mundfäule bis zur Verfaulung der Wange mit Löchern in der Gesichtshaut entwickelt und durch Blutvergiftung schließlich zum Tode führt. Voraussetzung dieses schwersten Krankheitsverlaufs ist eine erhebliche Schwächung der körpereigenen Abwehrkräfte.

Der „Wasserkrebs" brach im Sommer 1943 im Sinti- und Roma-Lager aus, wo Unterernährung und Hygienemängel vorherrschten. Vor allem Kinder und Jugendliche erkrankten. Dabei fielen ganze Fleischstücke ab, auch die Unterkiefer waren betroffen, berichtete der tschechische Häftlingsarzt Jan Češpiva. „Einen solchen Gesichtsbrand wie dort habe ich noch niemals gesehen".

Mengele ließ eine eigene Baracke auf dem Gelände des Krankenbaus für die Erkrankten einrichten.

Mit Hilfe eines Häftlingsarztes, untersuchte Epstein in Mengeles Auftrag Verlauf, Ursachen und Heilmethoden der Krankheit und erstattete regelmäßig Bericht. Mengele führte genaue Untersuchungen der Erkrankten durch, fotografierte die jeweils befallenen Teile der Wange und beauftragte einen Kunstmaler unter den Häftlingen, die Gesichter zu zeichnen.

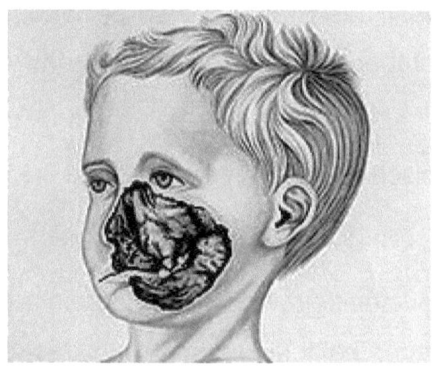

Der Arzt Czesław Głowacki, Pfleger und Leichenträger, berichtete in einer Vernehmung am 13. April 1972 außerdem, dass Mengele bei kranken Kindern Absonderungen der Mundschleimhaut entnahm und gesunden Kindern injizierte. Auch eine Versuchsgruppe Erwachsener habe es gegeben.

Nach den Injektionen sei ein schneller Verfall der Betroffenen zu beobachten gewesen. Es starben ca. 3000 Menschen an diesen „Impfungen", hauptsächlich Kinder. Berichtet wird auch, dass Mengele erkrankte Kinder umbringen ließ, um sie untersuchen zu lassen, und dass er Versuche über die Wirkung unterschiedlicher Kost durchführte. Histopathologische Untersuchungen und andere Laboranalysen nahm das Labor des Hygiene-Instituts der Waffen-SS in Raisko vor, wo Häftlinge wie Václav Tomášek oder Ludwik Fleck arbeiteten.

Präparate einzelner Organe, nach Aussage Čespivas auch ganze Kinderköpfe, (...) wurden für die Medizinische Akademie der Waffen-SS in Graz erstellt. Von verschiedener Seite wird betont, dass sich Mengele bei den gesamten Untersuchungen, die bis zur Auflösung des Krankenhauses im Sinti- und Roma-Lager im Juni 1943 andauerten, weniger für die Probleme der Mangelernährung interessierte, als vor allem nach der Rolle genetischer oder rassenbiologischer Faktoren fragte.

Zwillingsforschung

Ein weiteres Hauptinteressengebiet Mengeles war die Zwillingsforschung, zugleich das Spezialgebiet Verschuers. Die systematische Zwillingsforschung geht auf den Briten Francis Galton zurück, der zugleich als Begründer der Eugenik gilt. Die Entwicklung eineiiger und zweieiiger Zwillingspaare wird dabei unter der Annahme verglichen, dass Unterschiede zwischen eineiigen Zwillingen ausschließlich durch Umwelteinflüsse bedingt würden, weil diese Zwillingspaare im Unterschied zu zweieiigen Zwillingspaaren identisches Erbgut aufwiesen. Vor allem seit den 1920er Jahren war die Zwillingsforschung eine international anerkannte und verbreitete Untersuchungsmethode für Probleme menschlicher Vererbung.

In Deutschland wurden damit vor allem erbpathologische Fragen untersucht. Anfang der 1940er Jahre bestanden die Desiderate der Forschung vor allem darin, dass man wissen wollte, welche Rolle die Vererbung bei der Reaktion des Menschen auf Infektionen spielte. Methodisch bedurfte es dazu aber einer möglichst gleichzeitigen Untersuchung erkrankter Zwillinge. In der Praxis kamen solche Fälle aber nur sehr selten vor.

69

Noch seltener ergab sich die Möglichkeit, eine möglichst zeitnahe Sektion verstorbener Zwillingspaare vorzunehmen, um histologische oder anatomisch-pathologische Untersuchungen durchführen zu können. Unter dieser Voraussetzung gilt es als sehr wahrscheinlich, dass Mengele im KZ Auschwitz eine Möglichkeit zur wissenschaftlichen Profilierung erblickte. Hans Münch berichtete, Mengele habe es als unverantwortlich angesehen, die Gelegenheiten, die sich der Zwillingsforschung in Auschwitz bieten würden, vorbeigehen zu lassen. *„Wenn die sowieso ins Gas gehen ...",* habe Mengele gesagt. *„Die gibt es nie wieder, diese Chance."* Er beabsichtigte wohl, sich mit dem Material seiner Zwillingsforschung zu habilitieren.

Mengele richtete auf dem Gelände des Sinti- und Roma-Lagers einen so genannten „Kindergarten" ein, in welchem alle Kinder im Alter bis zu sechs Jahren untergebracht und eigens betreut wurden. Die Baracken waren in besserem Zustand als die meisten übrigen, ein regelrechter Kinderspielplatz mit Sandkasten, Schaukeln, Karussell und Turngeräten war eingerichtet, und die Kinder erhielten eine Zeit lang bessere Kost. Hier nahm Mengele aber auch die ersten Untersuchungen an Zwillingen vor und brachte weitere Zwillingspaare unter, die er vor allem aus den ständig neu ankommenden Transporten holte. Zu diesem Zweck hielt sich Mengele auch außerhalb seines eigentlichen Dienstplans häufig an der Rampe auf.

Mengele konnte seine umfassenden Untersuchungen allerdings nicht ohne Hilfe durchführen. Er machte Epstein zum Leiter seines Experimentallabors und versicherte sich der Mitarbeit der Häftlingsärzte und Häftlingspfleger, die er dabei streng beaufsichtigte und über den Zweck seiner Forschungen im Unklaren ließ.

Im Fall der polnischen Anthropologin Martina Puzyna, die an Typhus erkrankt war, als sie Mengele im März 1944 während einer Selektion im Krankenbau traf, sorgte Mengele für zusätzliche Verpflegung und bessere Unterbringung, um sie nach ihrer Genesung anthropologische Messungen an Zwillingen vornehmen zu lassen. Sie gab an, dass Gerüchte kursierten, es werde eine Vermehrung der nordischen Rasse angestrebt und die Züchtung von Zwillingen erprobt. Über das weitere Schicksal der Zwillinge habe sie nichts erfahren. Viele Häftlingsärzte befolgten in Todesangst Mengeles Befehle. Einige wählten den Suizid!

Nach einem Bericht des Leiters des Häftlings-Leichenkommandos in Birkenau, Joseph Neumann, sollte der Arzt Dr. Koblenz-Levi, der vor dem Zweiten Weltkrieg zur Meningitis geforscht hatte, auf Befehl Mengeles gemeinsam mit seinem Bruder, der ebenfalls Arzt war, seine Forschungen im Krankenbau von Auschwitz fortsetzen.

Nach wenigen Tagen habe Koblenz-Levi ihm, Neumann, aber gesagt, dass er so eine barbarische Forschung nicht machen kann. Ein paar Tage später hat Dr. Koblenz-Levi Selbstmord begangen wie auch sein Bruder. Ich erinnere mich, wie Dr. Koblenz-Levi bei der Arbeit die ganze Zeit geweint hat wie ein kleines Kind.

Das von Verschuer entwickelte und von Mengele angewandte Verfahren zur Unterscheidung ein- und zweieiiger Zwillinge basierte auf einer eingehenden Untersuchung verschiedener körperlicher Merkmale. Mengele verwendete in Auschwitz Fragebogen des KWI-A, anhand derer für jeden Zwilling eine 96 Punkte umfassende Personendatei mit Fotografien, Röntgenaufnahmen, regelmäßigen Untersuchungen, Urin- und Bluttests erstellt wurde.

Darüber, welche speziellen Versuche und Untersuchungen Mengele an Zwillingen vornahm, sind bislang keine gesicherten Angaben möglich.

Eva Mozes Kor, damals 10 Jahre alt, eine der wenigen Überlebenden erinnert sich: *„Dreimal in der Woche gingen wir in das Hauptlager von Auschwitz zu Experimenten. Diese dauerten sechs bis acht Stunden. Wir mussten nackt in einem Raum sitzen. Jeder Teil unseres Körpers wurde vermessen, betastet, mit Tabellen verglichen und fotografiert. Auf jede Bewegung wurde geachtet. Ich fühlte mich wie ein Tier in einem Käfig. Dreimal in der Woche gingen wir ins Blutlabor. Dort wurden uns Keime und Chemikalien injiziert, und sie nahmen uns viel Blut ab."*
EVA MOZES KOR Buch: „Ich habe den Todesengel überlebt"

Bezeugt sind Experimente mit Bluttransfusionen, Injektion von Fremdstoffen und Krankheitserregern sowie chirurgische Eingriffe ohne Narkose. Zwar genossen die Zwillinge im Lager als Objekte von Mengeles Forschung eine Art Sonderrolle und Schutz, gleichzeitig, aber bestimmte Mengele ohne weiteres über ihr Schicksal.

Mehrfach wird von Tötungen berichtet, entweder im Auftrag Mengeles oder durch ihn persönlich vorgenommen, insbesondere von Fällen, in denen ein Zwilling eines natürlichen Todes starb und der andere etwa durch eine Phenolinjektion bzw. Chloroforminjektion ins Herz getötet wurde, um auch obduziert werden zu können. Der Pathologe und Häftlingsarzt Miklós Nyiszli berichtete im Sommer 1945, wie Mengele persönlich 14 „Zwillinge" durch Injektion tötete, um sie anschließend sezieren zu lassen.

Die Opfer nahmen in der Regel nicht wahr, dass Mengele im Rahmen seiner Untersuchungen auch tötete oder töten ließ. Ihnen gegenüber, von Mengele auch als „meine Meerschweinchen" bezeichnet, verhielt er sich äußerlich korrekt und zugänglich. Überlebende hatten deshalb nach dem Krieg Schwierigkeiten, sich die Unaufrichtigkeit von Mengeles Zuwendung einzugestehen.

Die jüdischen Zwillinge waren seit Mai 1944 zum Teil auf dem Gelände des Krankenbaus (Abschnitt B Ia) in Baracke 22 des Frauenlagers untergebracht. Diese wurden im Juli 1944 in die Holzbaracke I verlegt. In der Baracke 22 verblieben Mütter mit Zwillingen im Alter von bis zu zwei Jahren. Ältere Jungen und Männer befanden sich in Baracke 15 des Männerkrankenbaulagers in Birkenau (B II f). Hier befand sich nach der Liquidierung des Sinti- und Roma-Lagers auch Mengeles Laboratorium mit Radiologie, Stomatologie und Ophthalmologie. Mit der Auflösung des Sinti- und Roma-Lagers Anfang August 1944 wurden die letzten dort verbliebenen zwölf Zwillingspaare getötet. Nach der Aussage von Snieszko und den Szymanskis erschoss Mengele die Kinder im Vorraum des Krematoriums in Birkenau und ordnete anschließend ihre Sektion an.

Die genaue Zahl, der von Mengele untersuchten Zwillingen ist unbekannt. Massin schätzt ihre Zahl insgesamt auf wenigstens 900. Eine Häftlingspflegerin gibt an, dass in der Holzbaracke I die höchste Anzahl der Zwillingspaare 350 betrug und sich im Januar 1945, kurz vor der Evakuierung, noch 72 Zwillinge dort befanden. <u>Überwiegend handelte es sich um Kinder im Alter von acht (…) bis zwölf Jahren</u>, seltener um Erwachsene. Nur sehr wenige überlebten Auschwitz.

Augen aus Auschwitz

Verfolgte Mengele mit seinen Zwillingsstudien in erster Linie eigene Forschungsinteressen, so werden einige seiner Experimente in direkten Zusammenhang mit den Projekten anderer Wissenschaftler gebracht, die am KWI-A forschten. So berichteten Häftlinge nach 1945 mehrfach, Mengele habe ihnen gegenüber geäußert, er arbeite an der Möglichkeit einer Veränderung der Irisfarbe. Mengele wurde dabei beobachtet, wie er Kindern Flüssigkeiten in die Augen träufelte, welche die Augen schwellen, eitern und röten ließen und auch zur Erblindung oder zum Tode führten. Einige Zeugen berichten von einer Vielzahl präparierter Augen, die Mengele offenbar auch nach Berlin an das KWI-A zur weiteren Untersuchung schickte. Die Experimente führte Mengele sowohl an Sinti-Kindern wie auch an jüdischen und nichtjüdischen Kindern durch, darunter auch Neugeborenen. (…) Zwischen Mengeles Versuchen und einem Forschungsprojekt der Biologin Karin Magnussen am KWI-A wird ein Zusammenhang gesehen. Magnussen arbeitete zur Frage, inwieweit die Augenfarbe erblich bedingt sei und als Grundlage für Rassen- und Abstammungsuntersuchungen dienen könnte.

Dabei erprobte sie zunächst in der von Hans Nachtsheim geleiteten Abteilung für „Experimentelle Erbpathologie" an Kaninchen die Wirkung von Hormonen und pharmakologischen Stoffen auf die Pigmentierung der Augen verschiedener „Rassen".

Ihre Versuche erinnern dabei an die von Mengele vorgenommenen Einträufelungen. Da Mengele über keinerlei augenärztliche Erfahrungen verfügte, hatte er seine Substanzen wahrscheinlich von Magnussen erhalten.

In einem Aufsatz vom Sommer 1944 über die Beziehungen zwischen Irisfarbe, histologischer Pigmentverteilung und Pigmentierung des Bulbus beim menschlichen Auge berichtete Magnussen außerdem über die Untersuchung menschlicher Augenpaare. Bei 31 dieser Augenpaare gab sie keine Auskunft über deren Herkunft, sodass es als wahrscheinlich gilt, dass diese Augen aus dem KZ Auschwitz stammten. Im Rahmen ihres Entnazifizierungsverfahrens 1949 machte Magnussen dazu keine näheren Angaben, schilderte aber, wie sie bereits 1938 auf eine Sinti- und Roma-Sippe – die Familie Mechau – aufmerksam geworden sei, bei denen gehäuft Heterochromie auftrat. Noch im Frühjahr 1943, kurz bevor die Familie nach Auschwitz deportiert wurde, fotografierte sie die Augen von Zwillingen dieser Familie. Durch Mengele habe sie die Möglichkeit erhalten, ihre Forschung fortzusetzen. Sie habe ihn gebeten, ihr nach dem Tod eines Angehörigen dieser Familie einen Sektionsbericht und das pathologische Augenmaterial zu schicken. In Auschwitz starben viele Mitglieder dieser Familie. Auch wenn sich die Umstände ihres Todes bislang nicht restlos aufklären lassen, wird es als gesichert angesehen, dass die Kinder der Familie Mechau Opfer von Mengeles Menschenversuchen wurden.

Der Häftlingsarzt Iancu Vexler etwa bezeugt, dass Mengele ihn beauftragte, heterochrome Augen von Angehörigen einer Roma Familie nach deren Tod zu entnehmen, zu präparieren und nach Berlin zur Untersuchung zu schicken. Hier nahm Magnussens Vorgesetzter Nachtsheim die Kiste entgegen. *„Ich muss gestehen, dass es für mich der größte Schock war, den ich in der ganzen Nazizeit erlebt habe, als Mengele eines Tages die Augen einer im Konzentrationslager Auschwitz untergebrachten Roma-Familie sandte.*

Die Familie hatte Heterochromie der Iris, und eine Mitarbeiterin des Instituts, die über Heterochromie arbeitete, hatte vorher Interesse an diesen Augen gezeigt." – HANS NACHTSHEIM: Brief von 1961.

Miklós Nyiszli berichtet außerdem von vier Zwillingspaaren, die Mengele am 27. Juni 1944 durch Injektion von Chloroform - oder Phenol tötete und deren heterochrome Augen er präparieren ließ. SS-Oberscharführer Erich Mußfeldt, Kommandoführer des Sonderkommandos KZ Auschwitz-Birkenau, bestätigte dies bereits 1947*: „Als ich zum Dienst erschien, traf ich drei Häftlingsärzte beim Sezieren der Leichen dieser Kinder an. Ich fragte, was das für Leichen waren. Die Ärzte antworteten darauf, dass die Kinder von Mengele mit einer Giftinjektion getötet worden seien, weil sie Merkmale hatten, die Mengele im Zusammenhang mit seinen Forschungen besonders interessierten. Es ging vor allem um die Augenfarbe. Er hatte nämlich festgestellt, dass von den Zwillingspaaren jeder Zwilling ein blaues und ein graues Auge hatte. Bei der Sektion wurden die Augäpfel entfernt und als Ausstellungsstücke nach Berlin geschickt."* – ERICH MUßFELDT: Aussage vom 19. August 1947

Bluttests

Bei einem weiteren Forschungsprojekt des KWI-A in Berlin arbeitete Mengele in seiner Funktion als Lagerarzt in Auschwitz offiziell mit. Der Biochemiker Emil Abderhalden hatte sich 1940 an Verschuer gewandt, weil er das Blut von Zwillingen zur Überprüfung der nach ihm benannten „Abderhalden-Reaktion" an eineiigen Zwillingen benötigte. Abderhalden stellte dabei die Behauptung auf, dass bestimmte Reaktionen des Abwehrsystems die Produktion jeweils spezifischer Proteasen anregten.

76

Durch den Nachweis solcher Enzyme im Blut – Abderhalden nannte sie „Abwehrfermente" – sollte der Nachweis von Krankheiten wie etwa Geisteskrankheiten oder Krebs durch Bluttests möglich werden. Abderhalden glaubte aber auch, dass in den Eiweißstoffen des Gewebes und Blutes Rassemerkmale enthalten seien. Diesen Gedanken griff Verschuer auf und entwickelte daraus ein Forschungsvorhaben zur Vererbung spezifischer Eiweißkörper, von dem er sich offensichtlich erhoffte, einen Bluttest zur Bestimmung menschlicher Rassenzugehörigkeit entwickeln zu können. In einem Zwischenbericht des KWI-A an die Deutsche Forschungsgemeinschaft, die das Projekt förderte, erläuterte Verschuer, dass sein als Lagerarzt im KZ Auschwitz eingesetzter Assistent Mengele als Mitarbeiter in diesen Forschungszweig eingetreten sei. Mit Genehmigung des Reichsführers SS werden anthropologische Untersuchungen an den verschiedensten Rassengruppen dieses Konzentrationslagers durchgeführt und die Blutproben zur Bearbeitung an mein Laboratorium geschickt. In das Vorhaben wurde ferner der Biochemiker Günther Hillmann einbezogen, der als ausgewiesener Spezialist für Eiweißforschung vom Kaisen-Wilhelm-institut für Biochemie unter Adolf Butenandt abgestellt worden war.

Verschuer sprach in diesem Zusammenhang von bereits 200 untersuchten Blutproben von Angehörigen verschiedener „Rassen", aus denen Substrate hergestellt worden seien.

Der Molekularbiologe Benno Müller-Hill hat diese Blutuntersuchungen in Verbindung mit einem anderen Forschungsprojekt am KWI-A gebracht, nämlich zur Rassenspezifik der Tuberkulose, bearbeitet von Karl Diehl.

Demnach habe Mengele gezielt Roma-Zwillinge und Juden mit Tuberkulose und Flecktyphus infiziert, um ihnen dann Blut für Untersuchungen in Dahlem zu entnehmen. Dies sei Inhalt der Tests Günther Hillmanns gewesen, weil man gehofft habe, dabei eine Therapie auf molekularer Basis entwickeln zu können. Seine These wird durch die äußeren Umstände, Koinzidenzen zwischen den Forschungsvorhaben und durch das, was ohnehin über Mengeles Experimente bekannt geworden ist, plausibilisiert.

Der Historiker Achim Trunk hat demgegenüber allerdings eine andere Rekonstruktion geltend gemacht. Demnach waren das Tuberkulose-Forschungsvorhaben und das Eiweißkörpervorhaben in der Tat voneinander getrennt und nicht miteinander verknüpft. Stattdessen sei es Verschuer vor allem um die „Feststellung der Rassenspezifität von Eiweißstoffen" gegangen, also um einen serologischen Rassentest. Dazu wurden die Probanden in Auschwitz rassenanthropologisch untersucht, und es wurde ihnen Blut entnommen. Aus den Blutproben wurde in Dahlem Plasma-Substrat hergestellt und Kaninchen injiziert, um die vermuteten Abwehrfermente beobachten zu können. Hans-Walter Schmuhl zitiert in diesem Zusammenhang einen Brief Verschuers an Diehl von 1944, durch den er Trunks Rekonstruktion klar bewiesen sieht.

Es sei nicht darum gegangen, Abwehrfermente gegen Tuberkulose und andere Infektionskrankheiten in den von Mengele abgenommenen Blutproben nachzuweisen, sondern um die Verarbeitung der Proben zu Substraten, die durch bei Kaninchen gewonnene Abwehrfermente umgesetzt werden sollten.

Kleinwüchsige

Neben seinem Interesse für Zwillinge wird auch von der besonderen Beachtung berichtet, die Mengele kleinwüchsigen Menschen und solchen mit angeborenen Behinderungen entgegenbrachte. Erwähnt wird in diesem Zusammenhang etwa eine Gruppe zweiundzwanzig ungarischer Kleinwüchsiger, die im Rahmen der Deportation der ungarischen Juden am 19. Mai 1944 nach Auschwitz verbracht wurden. Mengele habe sie von der Selektion zurückgestellt und im Block 30 des Lagerabschnitts B II b untergebracht, später im Block 9 des Frauenlagers B I a und umfassende Untersuchungen durchgeführt.

Gerade die kleinwüchsigen Opfer gingen trotz ihrer Privilegien immer davon aus, dass sie Auschwitz nicht überleben würden. „Uns wurden zahlreiche Spritzen in nahezu alle Organe gegeben, Medikamente verabreicht, und wir wurden zahllosen Blutentnahmen unterzogen. Fast jeden Tag wurde an uns experimentiert. Mengele hat die Experimente persönlich überwacht, und er war fast jeden Tag da und hat bezüglich uns Weisungen an die Häftlingsärzte erteilt. Auch wenn unsere Lebensbedingungen wesentlich besser waren als die der übrigen Häftlinge, erlebten wir große seelische Qualen, da wir davon wussten, dass wir früher oder später getötet werden und unsere Skelette in einem biologischen Museum ausgestellt werden".

Die Tötungen Missgebildeter zu Forschungszwecken werden von verschiedener Seite bestätigt. Miklos Nyiszli berichtet, dass er die Menschen mit Missbildungen zunächst genau zu vermessen hatte. Anschließend wurden sie von Oberscharführer Erich Mußfeldt mit einem Kleinkalibergewehr getötet.

Nyiszli musste die Leichen dann sezieren und schließlich mit Chlorkalk ätzen. Die sauberen Knochen verschickte er anschließend in Paketen an das KWI-A in Dahlem, wo eine „Erbbiologische Centralsammlung" unterhalten wurde. Empfänger waren dort wahrscheinlich Hans Grebe und Wolfgang Abel, am KWI-A die Spezialisten auf diesen Gebieten.

Weitere Medizinverbrechen

Mengele führte Menschenversuche nicht nur im Rahmen seiner eigenen Forschungsinteressen durch, sondern orientierte sich auch an den Experimenten anderer KZ-Ärzte in Auschwitz. So experimentierten Carl Clauberg und Horst Schumann mit besonderer Förderung Heinrich Himmlers zur Sterilisation von Menschen. Auch Mengele erprobte diverse Operationstechniken zur Sterilisierung und Kastration von Männern und Frauen, experimentierte mit der Injektion von Säuren in den weiblichen Eileiter, mit Röntgenbestrahlung und Hormongaben. Diese und andere Operationen führte Mengele, der über keine fachärztliche Ausbildung in Chirurgie verfügte, in der Regel ohne Anästhesie (…) durch. Diejenigen, welche die Operationen überlebten, wurden später vergast. An der Erprobung der neuen Medikamente gegen Fleckfieber und Malaria, welche die Behringwerke, Hoechst und die Bayer AG in großer Menge in die Konzentrationslager schickten, war Mengele allem Anschein nach nur am Rande beteiligt. Stanisław Czelny, ein polnischer Arzt, der Häftlingspfleger im Sinti- und Roma-Lager war, sagte im Ermittlungsverfahren 1972 aus, dass er im Juni 1943 von Mengele zunächst mit Fleckfieber infiziert und dann mit einem unbekannten, offenbar unwirksamen Medikament behandelt wurde.

Der frühere Leichenträger im Krankenbau, Jakov Balabau, berichtete, dass Mengele einmal Häftlinge habe suchen lassen, die bereits wenigstens einmal an Malaria erkrankt waren. Insgesamt hätten sich 48 Häftlinge eingefunden, die einzeln in ein Zimmer geführt und durch Injektion getötet worden seien. Man habe den noch warmen Körpern das Blut entnommen, wohl in der Hoffnung, daraus einen Impfstoff herstellen zu können. Die Revierschreiberin Judith Guttmann, die ursprünglich als Zwilling Mengeles Aufmerksamkeit erregt hatte, sagte am 21. Januar 1972 aus, dass Mengele Experimente mit Elektroschocks durchführte. Dabei wurden ca. 70 bis 80 Häftlingen, überwiegend Frauen in Auschwitz-Monowitz, Stromstöße unterschiedlicher Stärke verabreicht, um herauszufinden, bei welcher Stärke sie starben. Auch die Überlebenden dieser Versuchsreihe wurden anschließend vergast. Ruth Elias, die als Hochschwangere Ende 1943 nach Auschwitz deportiert worden war, berichtete in ihren Erinnerungen, dass Mengele ihr nach ihrer Entbindung untersagte, ihr Kind zu stillen, offenbar um festzustellen, wie lange ein Neugeborenes ohne Essen überleben könnte. (...) Nach sechs Tagen habe Mengele angekündigt, sie solle sich und ihr Kind zum „abholen" bereitmachen, was nichts anderes als die Ankündigung ihrer Vergasung bedeutet habe. In dieser ausweglosen Situation nahm Ruth Elias von einer Häftlingsärztin eine Morphiumspritze an und tötete ihr eigenes Kind. Als arbeitsfähige Frau ohne Kind wurde sie einem Transport in ein anderes Lager zugeteilt.

Der Historiker Thomas Rahe beschreibt dieses Beispiel einer Kindstötung, wie sie in Auschwitz immer wieder vorkam, um wenigstens das Leben der Mutter zu retten, als Teil der durch die Nationalsozialisten konstruierten Gegenlogik, die jede rationale Annahme in ihr todbringendes Gegenteil verkehrt und die Überlebensabsicht der Opfer als Teil des Vernichtungsplans instrumentalisiert habe.

Zwischenbilanz: Mengele – Direktor einer Außenstelle des KWI-A in Auschwitz.

Die Frage, inwieweit Mengele in Auschwitz trotz aller Unmenschlichkeit seriöse wissenschaftliche Forschung betrieb, ist zuletzt neu beantwortet worden. Die Meinungen über seine Qualitäten als Wissenschaftler gingen bereits unter denjenigen, die ihn in Auschwitz erlebt hatten, weit auseinander. Für Hans Münch war er ein begabter, beinahe prophetischer Wissenschaftler. Ehemalige Häftlingsärzte stellten die Wissenschaftlichkeit seiner Arbeit in Frage, weil er nur katalogisiert und gesammelt habe, ohne in der Lage gewesen zu sein, seine so gewonnenen Daten unvoreingenommen auszuwerten. Andere Häftlinge hielten ihn für einen besessenen Megalomanen. Benno Müller-Hill hat in einer wirkmächtigen Interpretation der Zusammenarbeit zwischen Mengele und Otmar Reinhold Ralph Ernst Freiherr von Verschuer „Massenmord und Wahrheit" als grundsätzlich unvereinbar angesehen und von „Pseudowissenschaft" gesprochen.

Dagegen wurde eingewandt, dass diese Interpretation die Wissenschaft als solche entlaste.

So hat die Historikerin Stefanie Baumann die Bezeichnung der Menschenversuche in nationalsozialistischen Konzentrationslagern als „pseudowissenschaftlich" scharf kritisiert.

Denn die Bezeichnungen ‚pseudomedizinische' Versuche oder ‚Pseudowissenschaft', die bis heute in der Wiedergutmachungsterminologie verwendet werden, <u>tragen zur Verharmlosung der Tatbestände bei</u> und gerade die deutsche Ärzteschaft beharrte nach 1945 auf diesen Begriffen. Die Unterscheidung zwischen seriöser und unseriöser Forschung sollte zur Entschuldigung der ‚wahren' Wissenschaftler beitragen [...]. So ist die Bezeichnung ‚Pseudowissenschaft' schon allein aus dem Grund unzutreffend, da die Experimente nicht per se unwissenschaftlich waren. Bei der Diskussion über die Qualität nationalsozialistischer Wissenschaft werde vernachlässigt, dass die Versuche vor allem deshalb abzulehnen seien, weil sie an entrechteten und wehrlosen Menschen durchgeführt wurden. Ernst Klee hat dagegen Mengeles Experimente und Tötungen als „Orgie verbrauchender Forschung" mit der Wissenschaft schlechthin identifiziert. Ein Forschungsprojekt zur Geschichte der Kaiser-Wilhelm-Gesellschaft deckte auf, dass die Verbindungen zwischen den deutschen Eliteforschungsinstitutionen und den nationalsozialistischen Gewaltverbrechen jedoch weiter reichten und komplexer waren, als diese Charakterisierungen andeuten. Mengele war in der Wissenschaft gut vernetzt und erhielt vor dem Krieg Einladungen zu internationalen Kongressen. Der Fall Mengele zeige, so die Historikerin Carola Sachse, „dass es in dieser Eliteorganisation tatsächlich Wissenschaftlerinnen und Wissenschaftler gab, die von den medizinischen Verbrechen in Auschwitz profitieren konnten, indem sie von dort menschliche Präparate auf Bestellung bezogen.

Sie nutzten diese Chance für ihre Forschung, entsprechend einer in der Experimentalmedizin weit zurück reichenden und auch heute keineswegs überwundenen Denkweise, die sich um des naturwissenschaftlichen Erkenntnisfortschritts willen möglichst wenig um die Herkunft ihrer Präparate sorgt." Zumal verschiedene Besuche Mengeles bei Verschuer in Dahlem belegt sind, bezeichnete Benoit Massin Mengele als „‚Institutsdirektor' der ‚Außenstelle Auschwitz'" des KWI-A Dahlem. Hans Walter Schmuhl findet diese weitgehende Interpretation problematisch, weil dadurch eine institutionelle Verbindung unterstellt werde, die tatsächlich nicht bestand, und auch eine zu große Abhängigkeit Mengeles von Verschuer angenommen werde. Schmuhl verweist darauf, dass Mengele versuchte, sich auch in die Wissenschaft zu integrieren, etwa indem er pharmazeutische Studien für die IG Farben durchführte. Mengeles Zusammenarbeit mit verschiedenen Forschern wie Grebe, Abel und Liebau, aber auch mit dem SS-Arzt Erwin von Helmersen, der ein Schüler des Rassenhygienikers Fritz Lenz und als Lagerarzt im Sinti- und Roma-Lager sowie im Gefangenenhospital B II f Untergebener Mengeles war, lassen ein ganzes Netzwerk von Verbindungen mit möglichen anderen Auftraggebern aus Wissenschaft, Industrie und SS aufscheinen. In verkürzter Form wurden diese historischen Forschungsergebnisse so wahrgenommen, als ob Mengele zwar unmenschliche, aber doch seriöse genetische Spitzenforschung betrieben hätte. Dabei darf jedoch nicht übersehen werden, dass sich die Forschungsfragen vielleicht auf der Höhe der Zeit bewegten, dass sie vor allem aber von einem unhinterfragten Rassismus bestimmt wurden, der sich auf organizistisches Weltbild gründete und einen Praxisbezug zur NS-Rassenpolitik hatte.

Die amerikanische Historikerin Sheila Weiss hat außerdem die Frage aufgeworfen, ob Verschuer bzw. Mengele auch bereit gewesen wären, zum Wohle der Wissenschaft Versuche an Menschen durchzuführen, die sie nicht als minderwertig ansahen.

Verschuer zumindest verlor seine Stellung am KWI-A, weil Robert Havemann, der Anfang 1946 die Leitung der KWI-Institute in Berlin übernommen hatte, die Kontakte zwischen Mengele und Verschuer öffentlich machte und eine Untersuchungskommission eingesetzt wurde. Verschuer selbst stritt in Vernehmungen durch Militärbehörden 1947 ab, das Ausmaß der Verbrechen in Auschwitz gekannt zu haben; Mengele habe ihm lediglich von Fabriken erzählt und davon, wie gut er sich mit seinen Patienten verstanden habe.

Lagerarzt im KZ Groß-Rosen

Am 17. Januar 1945 rückte die Rote Armee auf das nur fünfzig Kilometer östlich von Auschwitz gelegene Krakau vor.

Während Lagerkommandant Richard Baer die Räumung des Lagers anordnete, verließ Mengele das Lager mit einem PKW in Richtung des KZ Groß-Rosen, seine eilig eingepackten medizinischen Unterlagen im Gepäck. Seit dem 18. Januar wurde er in Groß-Rosen als Lagerarzt geführt. Er war zum Nachfolger des ab dem 6. Februar 1945 versetzten Friedrich Entress als neuer SS-Standortarzt designiert. Nach der Räumung von Groß-Rosen bezog der Kommandanturstab das Außenlager Reichenau, um von dort aus die noch bestehenden Außenlager im Lagerkomplex Groß-Rosen bis Kriegsende weiterzuverwalten.

Vermutlich führte auch Mengele seine Tätigkeit von Reichenau aus weiter, denn mehrfache Inspektionen in den Krankenrevieren verschiedener Groß-Rosener Frauenaußenlager im Sudetengebiet sind für Februar und März 1945 belegt. Dort nahm er unter anderem Selektionen von kranken und schwangeren Frauen vor, die in andere Lager überstellt wurden.

Das Euthanasieprogramm
„Es gibt nur begrenzten Raum für die Ressourcen auf dieser Erde. Wer soll die haben, die Kranken oder die Gesunden"?!

Die Euthanasiemorde oder die „Euthanasie-Aktion" waren die systematische massenhafte Ermordung von mehr als 100.000 (gesamt über 200.000) behinderten Menschen durch die Zentraldienststelle T4.

Neben rassenhygienischen Vorstellungen der NS-Eugenik wurden kriegswirtschaftliche Erwägungen zur Begründung herangezogen. Nach anhaltenden kirchlichen Protesten wurden die verheimlichten Tötungen nach erfolgter „Leerung" vieler Krankenabteilungen nicht mehr zentral, sondern ab 1942 dezentral, weniger offensichtlich fortgesetzt. Die im NS-Staat betriebene sogenannte „Euthanasie" geht auf die schon in den 1920er-Jahrenentwickelte Idee einer „Rassenhygiene" zurück und steht im Zusammenhang mit dem Endziel der „Vernichtung lebensunwerten Lebens" von sogenannten „Erb- und Geisteskranken, Behinderten und sozial oder rassisch Unerwünschten", die im national-sozialistischen Gesetz zur Verhütung erbkranken Nachwuchses legalisiert wurde. Nach landesweitem Erfassen mittels auszufüllendem einseitigen Kurz-Fragebogen pro Patient, der besonders auf die Arbeitsfähigkeit abhob, wurden durch die Justiz-Ärzte als „T4-Gutachter" beauftragt. Die Opfer wurden nach Verlegung zunächst in einigen wenigen Anstalten durch unterschiedliche Methoden getötet. Nach der Besetzung Polens wurden Gaskammern mit Kohlenstoffmonoxid zu Massenmorden verwendet. Es gab dabei vier Phasen: 1939–1945: mindestens 5.000 Opfer der sogenannten „Kinder-Euthanasie" ("erbkranke" und kognitiv oder körperlich beeinträchtigte Säuglinge und Kinder) 1940–1941: Opfer wurden über 70.000 Bewohner von Heil- und Pflegeanstalten sowie Heimen für Menschen mit Behinderung. Psychiatrische staatliche Landeskrankenhäuser dienten als Zwischenstation auf dem Weg in die Mordanstalten. Nach Einstellung der „Aktion T4" im August 1941 durch die Berliner Zentrale wurde die „Erwachseneneuthanasie" dezentral weitergeführt. 1942–1945: Etwa 20.000 KZ-Häftlinge wurden umgebracht.

Die Tötung kranker und nicht mehr arbeitsfähiger Häftlinge von Konzentrationslagern und traumatisierten Soldaten in drei der Mordanstalten der „Aktion T4"(Bernburg, Sonnenschein und Hartheim) wurde nach dem hierfür verwandten Aktenzeichen als Aktion 14f13 bezeichnet.

1942–1945: Mit der Aktion Brandt, benannt nach Hitlers Begleitarzt, wurden Heil- und Pflegeanstalten für den steigenden Bedarf von Ausweichkrankenhäusern in Beschlag genommen. Diese Phase bedeutete die Ermordung von etwa weiteren 30.000 Menschen.

Gegen Kriegsende befand sich Mengele in Nordböhmen im Kriegslazarett 2/591 der 17. Armee. Hier arbeitete der Internist Otto-Hans Kahler als Militärarzt, den Mengele als Kollegen am Frankfurter Institut unter Verschuer kannte. Durch Kahlers Fürsprache erhielt Mengele am 2. Mai 1945 die Erlaubnis, sich in Uniform der Wehrmacht dem Lazarett anzuschließen.

Über die „Rattenlinie" nach Argentinien.

Mengele blieb bis zu seinem Tod unbehelligt in Südamerika, lebte in Argentinien, Paraguay und Brasilien. Am 7.Februar 1979 erlitt er beim Baden im brasilianischen Badeort Bertioga einen Schlaganfall und ertrank.

Laut Schätzungen gab es ca. 200 000 Todesopfer im Namen der NS-Medizin.

Die „Akte" Mengele ist bis heute nicht vollständig aufgearbeitet.

Ab Mitte Mai 1944 begann die Auflösung des Sinti- und Roma-Lagers. Ein kleiner Teil der Gefangenen wurde zur Zwangsarbeit in andere Konzentrationslager (wie KZ Buchenwald, KZ Ravensbrück) überstellt. Von den im Abschnitt B II e verbliebenen Frauen, Männern und Kindern wurden 2897 am 2. und 3. August 1944 in den Gaskammern getötet. Die Massenverbrechen im „Sinti- Roma-Lager" von Auschwitz-Birkenau sind Teil des mit einem Romanes-Wort als „Porajmos" bezeichneten Genozids an den Roma.

Fluchtversuche und Aufstand

Insgesamt versuchten ungefähr 700 Häftlinge die Flucht aus Auschwitz; sie gelang in etwa 300 Fällen. Die anderen Flüchtlinge wurden während ihres Ausbruchsversuchs von den Bewachern erschossen oder zunächst ergriffen und später ermordet. Fluchtversuche wurden häufig mit Verhungern im Bunker bestraft; oft wurden auch die Familienangehörigen von Flüchtigen verhaftet und in Auschwitz I zur Abschreckung ausgestellt. Eine andere Strafe bestand darin, Mitgefangene für die Flucht büßen zu lassen. Am 6. Juli 1940 gelang Tadeusz Wiejowski die erste Flucht in Begleitung von zwei Mitgliedern der polnischen Widerstandsbewegung, die als „zivile Arbeiter" im Lager angestellt waren. Wiejowski überlebte den Krieg nicht. Am 20. Juni 1942 gelang den vier Polen Kazimierz Piechowski, Stanisław Gustaw Jaster, Józef Lempart und Eugeniusz Bendera die Flucht aus dem Lagerteil Auschwitz I. Sie brachten SS-Uniformen und Waffen an sich und fuhren mit einem gestohlenen Fahrzeug aus dem Gelände heraus. Einer der Flüchtlinge trug einen Bericht über Auschwitz bei sich, der für das Oberkommando der polnischen Heimatarmee geschrieben worden war.

Am 7. Oktober 1944 führte das jüdische Sonderkommando KZ Auschwitz-Birkenau (die Häftlinge, welche die Gaskammern und Krematorien bedienen mussten und als Sicherheitsrisiko von den anderen Häftlingen getrennt gefangen gehalten wurden) einen Aufstand durch. Davor gab es bereits zumindest einen gescheiterten ähnlichen Plan für den Termin 28. Juli um neun Uhr abends. Dieses Mal hatten weibliche Gefangene Sprengstoff von einer Waffenfabrik eingeschmuggelt, und das Krematorium IV wurde damit teilweise zerstört. Anschließend versuchten die Gefangenen eine Massenflucht, aber alle 250 Entflohenen wurden kurz darauf von der SS gefasst und ermordet.

Sonderkommando 1005

oder „Enterdungsaktion" genannt, wurde das Öffnen der Massengräber der zuvor ermordeten jüdischen Bevölkerung und Kriegsgefangener sowie die Verbrennung der exhumierten Leichen bezeichnet, die in den Vernichtungslagern Auschwitz, Kulmhof, Belzec und Treblinka, sowie in zahlreichen Massengräbern der Einsatzgruppen vergraben worden waren. Auch die sterblichen Überreste der Sinti und Roma, Behinderter, Psychiatriepatienten und aller, die massenhaft als Partisanen oder Widerständler erschossen, erschlagen oder vergast worden waren, sollten später nicht mehr aufzufinden sein. Ziel war, möglichst alle Beweise zu vernichten, die über das Ausmaß des Völkermords und einzelne Massaker Auskunft geben konnten. Die Aktion wurde in den Jahren von 1942 bis 1944 unter Leitung des Reichsministeriums für die besetzten Ostgebiete vorwiegend in der Ukraine und in Polen durchgeführt. Alle an der Aktion beteiligten Einheiten erhielten die Bezeichnung „Sonderkommando 1005" bzw. „Leichenkommando".

Leichen werden vom Sonderkommando verbrannt,
fotografiert von Alberto Errera, im August 1944

*„Es gab einen Geruch, den ich nie vergessen werde:
Wie es riecht, wenn Fleisch brennt".*

Das was übrig blieb, kam in die Knochenmühle.

Abbruch des Lagers

Einige Krematorien und Gaskammern des KZ Birkenau wurden schon ab November 1944 abgerissen. Die letzte Vergasung dort ist für den 1. November 1944 dokumentiert; wahrscheinlich wurde danach das Töten mit Zyklon B in den Gaskammern von Auschwitz eingestellt. Die Verbrennungsöfen wurden demontiert und sollten jüngsten Studien zufolge in dem noch als sicher geltenden KZ Mauthausen wieder aufgebaut werden. Das letzte Krematorium sprengten die Nationalsozialisten kurz vor der Befreiung des Lagers durch die anrückenden sowjetischen Truppen im Januar 1945.

Todesmärsche und Befreiung

Zwischen dem 17. Januar 1945 und dem 23. Januar wurden etwa 60.000 Häftlinge evakuiert und in Todesmärschen nach Westen getrieben. In den Lagern und Außenstellen blieben etwa 7500 Häftlinge zurück, die zu schwach oder zu krank zum Marschieren waren. Mehr als 300 wurden erschossen; man nimmt an, dass eine geplante Vernichtungsaktion nur durch das rasche Vorrücken der Roten Armee verhindert wurde.

Zuerst wurde das Hauptlager Monowitz am Vormittag des 27. Januar 1945 durch die sowjetischen Truppen (322. Infanteriedivision der 60. Armee der 1. Ukrainischen Front unter dem Oberbefehl von Generaloberst Pawel Alexejewitsch Kurotschkin) befreit. Von den dort zurückgelassenen Gefangenen – die Angaben reichen von 600 bis 850 Personen – starben trotz medizinischer Hilfe 200 in den Folgetagen an Entkräftung.

Das Stammlager und Auschwitz-Birkenau wurden – auch durch die Soldaten der 322. Division – schließlich am frühen Nachmittag des 27. Januar befreit. In Birkenau waren fast 5.800 entkräftete und kranke Häftlinge, darunter fast 4000 Frauen, unversorgt zurückgeblieben. In den desinfizierten Baracken wurden Feldlazarette eingerichtet, in denen die an Unterernährung und Infektionen leidenden und traumatisierten Häftlinge versorgt wurden.

Einige Tage später wurde die Weltöffentlichkeit über die Gräueltaten informiert. Die Ermittler fanden über eine Million Kleider, ca. 45.000 Paar Schuhe und sieben Tonnen Menschenhaar, die von den KZ-Wächtern zurückgelassen worden waren.

Anzahl der Todesopfer

In den Jahren 1940 bis 1945 wurden in die Konzentrationslager Auschwitz mindestens 1,1 Millionen Juden, 140.000 Polen, 20.000 Sinti und Roma sowie mehr als 10.000 sowjetische Kriegsgefangene deportiert. Knapp über 400.000 Häftlinge wurden registriert. Von den registrierten Häftlingen sind mehr als die Hälfte aufgrund der Arbeitsbedingungen, Hunger, Krankheiten, medizinischen Versuchen und Exekutionen gestorben.

Die nicht registrierten 900.000 nach Birkenau Deportierten wurden kurz nach der Ankunft ermordet.

Als Obergrenze der Todesopfer im Konzentrationslager- und Vernichtungslagerkomplex Auschwitz wird die Zahl von 1,5 Millionen Opfern angegeben.

Die Größe des Komplexes wird auch durch die hohe Anzahl an Bewachern deutlich. Das Instytut Pamięci Narodowej (IPN), das staatliche polnische Institut für Nationales Gedenken, veröffentlichte 2017 eine Datenbank, die 9686 SS-Männer im KZ Auschwitz verzeichnet. Die Datenbank ist online recherchierbar, u. a. nach Namen. Häufige Versetzungen bewirkten eine hohe Personalfluktuation. Durchschnittlich waren 3000 bis 4000 SS-Angehörige im Lagerkomplex Auschwitz eingesetzt. Im Sommer 1944 gehörten ca. 4.500 Mann zur SS-Garnison Auschwitz.

Quellen: Wikipedia Auszug, Fernsehdokumentation die Welt, Terra X und eigene Recherchen

Die NS-Propaganda verfolgte in der Öffentlichkeit eine Doppelstrategie: Einerseits redeten die Sprecher der NS-Diktatur offen über „die Judenfrage", über Ausrottung und Vernichtung der Juden, andererseits ließen sie bewusst offen, wann und wie diese geschehen würde. Mehrdeutige Rhetorik war beabsichtigt, um die Deutschen über das konkrete Geschehen im Unklaren zu lassen. Die zunehmende Judenverfolgung in Europa geschah vor aller Augen. Die Deportationen vollzogen sich auf öffentlichen Plätzen und Bahnhöfen, wurden jedoch als „Umsiedlungen" in Arbeitslager dargestellt. Im Hinblick auf die Vernichtungsaktionen befahl das Regime strengste Geheimhaltung; SS-Angehörigen war es unter Androhung der Todesstrafe verboten, darüber zu berichten. Die Isolation, Entrechtung, Verarmung und das allmähliche Verschwinden der Juden aus dem gesellschaftlichen Leben im Deutschen Reich waren offensichtlich. Die Deportationen wurden von den meisten Deutschen hingenommen. Im Lauf des Holocaust sickerten immer mehr Einzelheiten durch; die Geheimhaltung konnte zeitweise nicht streng überwacht werden, und Verstöße wurden manchmal nicht bestraft. Dass „Umsiedlung" tatsächlich Massenmord bedeuten sollte, erfuhren manche Deutsche von Soldaten auf Heimaturlaub, durch Hören von Feindsendern, durch „Flüsterpropaganda" (Hannah Arendt). Der Widerstandskämpfer Helmuth James Graf von Moltke schrieb 1943: *„Mindestens neun Zehntel der Bevölkerung weiß nicht, dass wir Hunderttausende von Juden umgebracht haben."* Doch selbst das Zehntel, das nähere Information erhalten hatte, unternahm – von wenigen Ausnahmen abgesehen – nichts dagegen. Nichtwissen und Nichtwissen-Wollen über den Holocaust gingen dabei ineinander über.

Wernher von Braun 1912-1977

Vom NS-Kriegsverbrecher zum Nationalhelden.

"Moralische Bedenken waren uns fremd, wir waren einzig daran interessiert, den Weltraum zu erkunden. Uns stellte sich daher nur die Frage, wie wir die goldene Kuh am besten melken konnten.

"Dieser junge Raumfahrtenthusiast damals gerade einmal 20 Jahre alt, war ein Visionär, genial und skrupellos zugleich. Jahrzehnte später sollte er sowohl die V2 als auch die Saturn V entwickeln, Hitlers Vergeltungswaffe und Kennedys Mondrakete. Der junge Ingenieur träumte davon, dass Menschen in den Weltraum fliegen. Damit seine Forschung weitergehen konnte, stellte er sich in den Dienst der Nationalsozialisten. Statt Weltraumraketen sollte er nun Marschflugkörper für den Krieg entwickeln. Am 12. November 1937 beantragte Wernher von Braun die Aufnahme in die NSDAP und wurde rückwirkend zum 1. Mai desselben Jahres aufgenommen (Mitglieds-nummer 5.738.692). Am 1. Mai 1940 wurde von Braun Mitglied der Allgemeinen SS, wo er die SS-Nummer 185.068 erhielt. Die Beförderung zum SS-Sturmbannführer erfolgte am 28. Juni 1943.

Am 29. Oktober 1944 wurde von Braun nach dem Einsatz des nun als V2 bezeichneten A4 an der Westfront mit dem Ritterkreuz des Kriegsverdienstkreuzes mit Schwertern ausgezeichnet.

In der Nacht vom 17. auf den 18. August 1943 wurde die HVA Peenemünde im Zuge der „Operation Hydra" bombardiert. Um die Produktion der A4 vor weiteren Bombenangriffen zu schützen und möglichst geheim zu halten, sollte sie unter die Erde verlegt werden. Daraufhin entstand ein neues KZ-Außenlager des KZs Buchenwald mit dem Tarnnamen „Arbeitslager Dora" am Südrand des Harzes. Die Häftlinge des KZ wurden von der SS unter menschenunwürdigen Bedingungen in der Stollenanlage im Kohnstein hauptsächlich im Stollenvortrieb und den unter Tage gelegenen Werksanlagen der Mittelwerk GmbH eingesetzt. In Mittelbau-Dora fand nun unter anderem auch die Serienfertigung der Aggregat 4, bekannt als Vergeltungswaffe V2, statt.

Bis März 1945 wurden fast 6.000 Raketenwaffen unter unmenschlichen Arbeitsbedingungen hergestellt.

Die Häftlinge schliefen zunächst in den kalten Stollen auf Holzprit-schen, als Latrinen dienten halbierte Ölfässer. Es gab weder ausrei-chend warme Kleidung für die kühlen Stollensysteme noch genügend zu Essen. Willkürlich wurden Häftlinge bestraft, geschlagen oder hin-gerichtet, wenn sich eine V2-Rakete nach dem Start als Blindgänger erwies. Trotz zwischenzeitlicher Verbesserung der Lebensbedingun-gen durch den Umzug in ein Barackenlager im Sommer 1944 überlebte etwa ein Drittel aller Häftlinge die Strapazen bis zur Räumung von Dora-Mittelbau im April 1945 nicht. Auch dieser Lebensabschnitt von Brauns wird von vielen Historikern kritisch bewertet, da er eine Verant-wortlichkeit für diese Produktion schwerlich abweisen konnte. So for-derte er in einem Schreiben vom 12. November 1943 die Zahl von 1350 Arbeitskräften an, was seinerzeit stets KZ-Häftlinge bedeutete. Einige Insassen des Konzentrationslagers bezeugten später zudem, ihn bei der Besichtigung der Arbeitsstätten gesehen zu haben. Es wird von fünf bis zwanzig Aufenthalten im Mittelwerk ausgegangen.

Von Braun gab diese Zahlen in einem Gerichtsprozess am 14. Oktober 1947 in Texas an. Er erklärte, dass er vom Elend der Zwangsarbeiter nichts gewusst habe und für deren Einsatz nicht verantwortlich gewe-sen sei. Allerdings berichtete er 1969 in einem Interview, selbst im Mit-telwerk gewesen zu sein: „Als die Sprengarbeiten für den Ausbau bereits begonnen hatten, die Produktion aber noch nicht angelaufen war. Damals waren einige Häftlinge in diesen Stollen untergebracht. Ich bin mit der besichtigenden Besuchergruppe durch diese temporären Unterkünfte gegangen." Er gab auch zu, dass die so wörtlich „Hunger-gestalten" in einem erbarmungswürdigen Zustand gewesen seien. Ein-drücke, die schwer auf der Seele jedes anständigen Mannes lasten" würden.

Nach eigenen Angaben schämte er sich damals, dass solche Dinge in Deutschland möglich waren, selbst angesichts der Kriegssituation. Es liegt ein Brief von Brauns vom 15. August 1944 an Albin Sawatzki vor, der für die Planung und Steuerung der A4-Fabrikation verantwortlich war. Dieser belegt, dass von Braun im KZ Buchenwald war und dort selbst Häftlinge aussuchte! Viele Berichte und Dokumente sprechen für seine Involviertheit in die Vorgänge in Mittelbau-Dora. Im Erlebnisbericht von Adam Cabala ist zu lesen: auch die deutschen Wissenschaftler mit Prof. Wernher von Braun an der Spitze sahen alles täglich mit an. Wenn sie die Gänge entlanggingen, sahen sie die Schufterei der Häftlinge, ihre mühselige Arbeit und ihre Qual.

Auf einer kleinen Fläche neben der Ambulanzbude lagen tagtäglich haufenweise die Häftlinge, die das Arbeitsjoch und der Terror der rachsüchtigen Aufseher zu Tode gequält hatten. […] Aber Prof. Wernher von Braun ging daran vorbei, so nahe, dass er die Leichen fast berührte".

Prof. Wernher von Braun hat während seiner häufigen Anwesenheit in Dora nicht ein einziges Mal gegen diese Grausamkeit und Bestialität protestiert. Selbst der Anblick von Toten habe ihn nicht gerührt.

In einem Interview schilderte Albrecht Weinberg, dass er im Januar 1944 auf einem der Todesmärsche von Auschwitz nach Mittelbau Dora kam. Wernher von Braun wolle angeblich nie einen KZ-Häftling in Dora-Mittelbau gesehen haben.

Dabei waren die Tunnel voll von ihnen, Hunger, Kälte und Krankheit rafften sie scharenweise dahin.

Tote Häftlinge in den Häftlingsbaracken Mittelbau-Dora, aufgenommen am 11. April 1945 nach der Befreiung des Lagers durch Angehörige des United States Army Signal Corps.

Im Zusammenhang mit dem Ausbau von Mittelbau-Dora und der anschließenden Fertigung der A4-Rakete und anderer Waffen kamen nach offizieller Zählung in den SS-Akten ca. 12.000 Zwangsarbeiter ums Leben.

Der Einsatz der Waffe forderte insgesamt ca. 8000 Opfer, hauptsächlich in der Zivilbevölkerung. Die V2 war somit die einzige Waffe, deren Produktion mehr Opfer forderte als ihr Einsatz.

Beim alliierten Prozess 1947, in dem ausschließlich Verbrechen im KZ Mittelbau-Dora verhandelt wurden, war von Braun weder angeklagt noch als Zeuge geladen. (…)

Als er kurz danach überläuft, sagt Wernher von Braun: *"Mein Land hat zwei Weltkriege verloren, dieses Mal möchte ich auf der Seite der Sieger stehen."* Abermals spielt er die Karte des unschuldigen Wissenschaftlers. Der Mann, der mindestens zweimal persönlich bei Hitler für sein Raketenprogramm geworben hat, findet nun das Gehör eines demokratischen Präsidenten der USA: *„Uns interessiert nicht der Mensch und das, was er getan hat, uns interessiert sein Wissen."* Wernher von Braun hatte eine neue goldene Kuh gefunden. Die Amerikaner glaubten ihm nur allzu gerne, denn er war die Schlüsselfigur im amerikanischen Raketenprogramm. Hitlers führender Raketeningenieur war jetzt Amerikas führender Raketeningenieur. Großer Medienrummel, gar eine Enthüllung seiner etwaigen NS-Vergangenheit wäre für Kennedys Apollo-11-Projekt eine Katastrophe gewesen. Als erstes konstruierte er die Redstone-Rakete, die erste ballistische Rakete, mit Atomsprengköpfen. 1955 wird Wernher von Braun amerikanischer Staatsbürger. Für seine Verstrickungen im Nazi-Regime hat er sich nie verantworten müssen. Er hat sich auch niemals dafür entschuldigt. Wahrscheinlich hat der besessene Ingenieur nicht einmal ein Problem darin gesehen. *"Die Wissenschaft hat keine moralische Dimension"*, soll von Braun einst gesagt haben. *"Sie ist wie ein Messer. Wenn man sie einem Chirurgen und einem Mörder gibt, gebraucht sie jeder auf seine Weise."* Es war die Verteidigung, die von Physikern - und vielen anderen Wissenschaftlern - nur allzu gerne vorgebracht wurde.

1959 wurde er mit dem Großen Verdienstkreuz der Bundesrepublik Deutschland ausgezeichnet.

1969 geht mit der Mondlandung schließlich der große Lebenstraum der Raketenforschers in Erfüllung.

Am 31. Dezember 1976 trat Wernher von Braun in den Ruhestand; am 16. Juni 1977 starb er in Alexandria, Virginia, und wurde auf dem dortigen Ivy Hill Cemetery (Sektion T, Grabstelle 29) beigesetzt. Auf dem Grabstein stehen der Name, das Geburts- und das Todesjahr sowie der Hinweis auf den Psalm 19,1 EU:

„Die Himmel erzählen von der Herrlichkeit Gottes und das Firmament verkündet seiner Hände Werk."

Es ist eine erstaunliche Ironie, dass dieser Kriegsverbrecher zu einer amerikanischen Berühmtheit wurde, so ein Historiker.

Am 8. April 2014 beschließt auch die letzte nach Wernher von Braun benannte Schule Deutschlands eine Namensänderung.

In den Jahren zuvor beantragten bereits weitere "Wernher von Braun-Schulen" eine Umbenennung. Damit verbunden waren auch eine Distanzierung vom Namensgeber sowie die Aussage, dass in Wernher von Braun kein Vorbild für Schüler zu sehen sei.

Wie auch im Fall der Gesamtschule im osthessischen Neuhof wollten die Lehreinrichtungen nicht mit dem umstrittenen Leben des Raketeningenieurs in Verbindung gebracht werden.

Quelle: Fernsehdokumentation Hitlers Gehilfen.

Amon Leopold Göth

* 11. Dezember 1908 in Wien, Österreich-Ungarn; † 13. September 1946 in Krakau, Polen, war ein österreichischer SS-Offizier, zuletzt im Rang eines SS-Hauptsturmführers.

Göth war bereits während seiner Jugendzeit Sympathisant rechtsnationaler Kreise und bekennender Antisemit. Nach seinem Beitritt zur Schutzstaffel stieg er rasch in der dortigen Hierarchie auf. Nach Beginn des Zweiten Weltkriegs fand Göth im Generalgouvernement zunächst für verschiedene Dienststellen Verwendung. 1943 war er, neben anderen bereits begangenen Kriegsverbrechen, für die Liquidierung des Krakauer Ghettos und die Deportation und Ermordung tausender jüdischer Bewohner verantwortlich.

Bekannt wurde Göth jedoch als Kommandant und „Schlächter von Płaszów" des gleichnamigen Konzentrationslagers sowie seiner Bekanntschaft zu dem Industriellen Oskar Schindler. Die Geschichte Göths während seiner Krakauer Zeit wird im oscarprämierten Film *Schindlers Liste* in Ausschnitten erzählt. Durch den breitenwirksamen Film wurde er in Bewusstsein einer breiten Öffentlichkeit der neben Rudolf Höß bekannteste Kommandant eines Konzentrationslagers.

Wegen persönlicher Aneignung von Wertgegenständen aus jüdischem Besitz und diverser Dienstvergehen wurde Göth im Sommer 1944 durch die Gestapo verhaftet und vor ein SS-Ehrengericht gestellt.

Einer rechtskräftigen Verurteilung entkam er durch das Kriegsende. Von US-amerikanischen Behörden gefasst und alsbald den polnischen Behörden überstellt, wurde ihm 1946 wegen Massenmordes und anderer Verbrechen vor dem Obersten Nationalen Tribunal in Krakau der Prozess gemacht. Von diesem wurde er zum Tode verurteilt und wenige Tage nach der Urteilsverkündung gehängt.

Rückblick:

Werdegang in der SS, Anfänge und Aufstieg:

Die Erfolge der aufstrebenden Nationalsozialisten bei der Reichstagswahl 1930 im Deutschen Reich bewogen Göth, zum 13. Mai 1931 bei der Wiener Ortsgruppe in Margareten der NSDAP beizutreten (Mitgliedsnummer 510.764). Nach einem rein formalen Wechsel zur Wiener Ortsgruppe Mariahilf nahm er dort die Funktionen eines Politischen Verwalters wahr. Um rasche Karriere bestrebt, bewarb sich Göth noch im gleichen Jahr um seine Aufnahme in die Schutzstaffel. Nach positiver Entscheidung seines Gesuchs (SS-Nummer 43.673) wurde er dem Trupp „Deimel", einer Teilformation des Wiener SS-Sturms „Libardi", zum Dienst zugeteilt. Im Jänner 1933 erfolgte seine Versetzung als Adjutant zum Stab der 52. SS-Standarte „Donau" nach Krems. Zusätzlich wurde er zum Motorstaffelführer bestellt. In letzterer Eigenschaft zog sich Göth, der ab Mai 1933 den Rang eines SS-Scharführers bekleidete, bei einem Verkehrsunfall mit der SS-Standarte 11 bei Drosendorf schwere Verletzungen zu. Sich auf diese berufend, stellte er vergeblich einen Antrag zum Erwerb des Blutordens.

Die persönliche Rolle Göths beim sogenannten Juliputsch der Nationalsozialisten im Sommer 1933 in Krems und dem daraus folgenden Verbot der österreichischen NSDAP ist bis heute strittig und Gegenstand zahlreicher Kontroversen. Fest steht, dass sich Göth einer polizeilichen Fahndung nach ihm durch Flucht nach München entzog, wo er bei einem Hundezüchter Unterschlupf fand. Von dort aus betätigte er sich als Schmuggler und Kurierfahrer im deutsch-österreichischen Grenzgebiet.

Im Oktober 1933 wurde Göth allerdings auf heimischem Territorium durch Justizbeamte aufgespürt und in Untersuchungshaft genommen. Das gegen ihn angestrengte Gerichtsverfahren endete im Dezember 1933 mit Freispruch aus Mangel an Beweisen. Im Folgenden widmete sich Göth wieder dem elterlichen Geschäft, unterhielt aber weiterhin Kontakte zur im Untergrund agierenden NS-Bewegung.

Dieser relativ beständige Lebensabschnitt zerbrach mit dem Tod seiner Mutter im März 1936 und dem Scheitern Göths erster Ehe im Sommer des gleichen Jahres. Motiviert von seinem Wunsch nach weiterer Verwendung in der SS, siedelte Göth 1937 schließlich nach München über. Nach dem Anschluss Österreichs kehrte er im Frühjahr 1938 nach Wien zurück, wo er der SS-Standarte 11 „Planetta" zugeteilt wurde. Im Herbst des gleichen Jahres heiratete er ein weiteres Mal.

Nach Ausbruch des Zweiten Weltkrieges meldete sich Göth im März 1940 freiwillig zur Waffen-SS. In dieser wurden ihm die Funktionen eines Verwaltungsführers bei der Einsatzführung Ost in Oberschlesien mit Dienstsitz in Teschen übertragen. Nach eigenen Aussagen soll er dort unter anderem mit der Registrierung von Pferdebeständen und anderen Nutztieren betraut gewesen sein. Diese Tätigkeit war jedoch nur von kurzer Dauer, denn bereits im Herbst 1940 wechselte Göth, nunmehr als Kassenverwalter, in das in Kattowitz ansässige Büro der Volksdeutschen Mittelstelle eine Art Anlauf- und Koordinierungsstelle für umsiedlungswillige Volksdeutsche. In dieser Stellung erfolgte im Jänner 1941 seine Beförderung zum SS-Oberscharführer und am 9. November 1941 die zum SS-Untersturmführer. Seine bis dato erstellten Dienstbeurteilungen waren allesamt ohne Beanstandung.

Radikalisierung: Die Motive und Begleitumstände für Göths Abkom-
mandierung in das vom Deutschen Reich annektierte Generalgouvernement nach Lublin in den persönlichen Stab um Odilo Globocnik im
Frühjahr 1942 sind spekulativ. Möglicherweise spielten hierbei etwaige
persönliche Kontakte oder sein Ruf als guter Organisator eine gewich-
tige Rolle. Sein neuer Dienstsitz wurde dort die Julius-Schreck-Ka-
serne. In dem ehemaligen Schulgebäude auf der Pierackistraße waren
zu jenem Zeitpunkt neben den mutmaßlichen Drahtziehern der laufen-
den Aktion Reinhardt auch die hierfür abgestellten Polizei- und SS-
Mannschaften stationiert, darunter Mörder und Kriegsverbrecher wie
der SS-Oberscharführer Reinhold Feix. Möglicherweise radikalisierte
sich Göth in der Umgebung dieser Männer und deren praktizierten ras-
sischen Vernichtungswahns sprunghaft. Noch aber wurde Göth von
derartigen Mordaktionen ausgenommen. Stattdessen betraute man ihn
zunächst mit der Bauüberwachung im Rahmen der Erweiterung des
bereits bestehenden SS-Arbeitslagers in Budzyń, wobei für etwa 2000
vornehmlich jüdische Zwangsarbeiter aus dem Ghetto Końskowola zusätzliche Lagerbaracken errichtet wurden. Anschließend beteiligte sich
Göth organisatorisch an den Selektionsmaßnahmen bei der Räumung
des Ghettos Bełżyce sowie der Deportation der Arbeitsunfähigen, Alten
und Kinder in das Konzentrationslager Majdanek. Hierbei sind neben
unzähligen Gräueltaten durch Angehörige der SS-Einsatzgruppen
auch hundertfache Bestechungsannahmen, sogenannte „Freikäufe",
Göths dokumentiert, die seinen späteren Ruf als „korrumpierten Offi-
zier" begründen sollten. Die Unterschlagung der überwiegend aus
wertvollen Fellen, Pelzen und Edelsteinen bestehenden Beute wurde
jedoch aufgedeckt. Das hierauf gegen Göth eingeleitete Ermittlungsverfahren blieb allerdings folgenlos.

Über den Sommer 1942 hinweg war Göth sodann mit der Beschaffung von Baumaterialien für im SS-Jargon bezeichnete „Geheime Baumaßnahmen" betraut. Vermutlich handelte es sich hierbei um die Requirierung von Roh- und Werkstoffen zur Errichtung der Krematorien in den Vernichtungslagern Belzec, Sobibor und Treblinka. Die ihm ausgestellte Zutrittsgenehmigung zu genannten Lagern könnte jedoch auch mit der Kontrolle und Erfassung der dortigen gelagerten Kunst- und Wertgegenstände im Zusammenhang gestanden haben. Im Zeitraum ab Oktober 1942 war Göth mit der Bauaufsicht für den Umbau des Kriegsgefangenenlagers Poniatowa zu einem Arbeitslager für jüdische Zwangsarbeiter betraut. Etwa zur gleichen Zeit liefen auch die Ausbauarbeiten des Arbeitslagers Płaszów an, deren Kapazitäten um die arbeitsfähigen Juden aus dem Krakauer Ghetto erweitert werden sollten. Da die dortigen Bautätigkeiten allerdings nur äußerst schleppend vorangegangen waren, beauftragte der örtliche SS- und Polizeiführer Julian Scherner im Februar 1943 den ihm bereits aus der Münchner Zeit bekannten Amon Göth mit der weiteren Bauleitung. Zugleich stellte er ihm in Aussicht, nach der Fertigstellung dessen Lagerkommandant zu werden, was dieser annahm. Göths erste Aufgabe an seinem neuen Wirkungskreis war die rücksichtslose Vertreibung der noch in unmittelbarer Lagerumgebung ansässigen polnischen Familien aus ihren Häusern. Zugleich verschärfte er unter Androhung der Todesstrafe den Zeitplan für die Fertigstellung der neuen Baracken. Von dieser Ultima Ratio machte Göth am 5. März 1943 Gebrauch, als beim alltäglichen Morgenappell das Fehlen zweier Mädchen bemerkt worden war und er daraufhin aus einem Tobsuchtsanfall heraus wahllos zwei in seiner Nähe stehende jüdische Kapos mit der Dienstwaffe erschoss.

Die vermissten Kinder wurden im Laufe des Tages aufgespürt und auf Göths Befehl hin unter Einspielung des Schlagerhits „Komm zurück!" von Rudi Schuricke im Lagergelände öffentlich gehängt. Musikalische Untermalungen bei Selektions- oder Sühneaktionen entwickelten sich in der Folge zu einem gefürchteten Markenzeichen Göths.

Die Insassen des Arbeitslagers wurden zudem bald auch auf die besondere Rolle der Kopfbedeckung ihres neuen Kommandanten aufmerksam. Trug Göth während des Dienstes ein Käppi, bestand keine große Bedrohung, hatte er jedoch seine Offiziersmütze aufgesetzt, signalisierte dies unmittelbare Gefahr. Trug er aber seinen Tirolerhut und dazu noch weiße Handschuhe oder einen weißen Schal, wusste jeder, der ihn kannte, dass er sich jetzt ein Opfer suchen würde.

Neben dem Barackenbau waren die Sträflinge zusätzlich für die Errichtung der aus Ziegelsteinen gemauerten Unterkünfte der SS-Offiziere und Mannschaften verantwortlich. Aufsicht über diesen besonderen Bautrupp führte der SS-Oberscharführer Albert Hujar. Als sich aufgrund der Verwendung von feuchten Ziegelsteinen Risse an einer der Wände der künftigen Wachkaserne zeigten, ließ Göth sich von der hierfür zuständigen jüdischen Ingenieurin Diana Reiter die ursächliche Problematik schildern. Hierüber geriet er binnen weniger Minuten derart in Rage, dass Göth ihre sofortige Erschießung befahl, die Hujar durch Genickschuss vollzog. Danach soll sich Göth nach Augenzeugenberichten zufrieden gezeigt haben.

Liquidierung Krakauer Ghetto

Das Krakauer Ghetto nach der Liquidierung im März 1943

Ebenso grausam zeigte sich Göth bei der Liquidierung des Krakauer Ghettos Mitte März 1943. Die Räumung des bereits schon im Vorfeld der Aktion geteilten Viertels begann am Vormittag des 13. März 1943 mit der Aufforderung, dass sich alle Bewohner des Ghetto A (Arbeiter) für die Übersiedlung nach Płaszów auf dem Zgodyplatz einzufinden hätten. Hier fiel Göth insbesondere durch körperliche Misshandlungen von Frauen, Kindern und Säuglingen (…) und deren anschließende Tötung auf.

Die gleiche Vorgehensweise legten Göth und seine Gefolgsleute bei der Räumung von Ghetto B am 14. März an den Tag. Überdies selektierte er von den hauptsächlich dort untergebrachten Alten, Kranken und Kindern noch etwa 150 arbeitsfähige Juden für sein Arbeitslager heraus.

Seine „Quote" wurde jedoch durch den Einsatzleiter SS-Obersturm-bannführer Willi Haase (1906–1952) als zu hoch eingestuft, weswegen dieser die sofortige Hinrichtung der Hälfte dieser Gruppe befahl.

In Bilanz wurden in diesen zwei Tagen durch Polizei- und SS-Einsatz-gruppen rund 1000 Juden ermordet und weitere 4000 deportiert.

Augenzeugen einer der zahlreichen Exekutionen berichteten anschlie-ßend <u>von der Schändung und Vergewaltigung bereits getöteter (…) Frauen durch Angehörige der SS.</u>

Kommandant von Płaszów

Personal

Als Kommandant von Płaszów bewohnte Göth zunächst das unweit des Lagerhaupteingangs liegende sogenannte „Rote Haus" auf der Jerozolimskastraße (seinerzeit *SS-Straße* genannt); hier war auch sein engerer SS-Stab untergebracht. Trink- und Zechgelage waren dort an der Tagesordnung. Später zog er in eine eigens für ihn renovierte Villa oberhalb des Lagergeländes um.

Göth direkt unterstellt waren zahlreiche Hilfswillige, mehrere Dutzend SS-Wachmannschaften sowie der vornehmlich aus Offizieren bestehende Führungsstab.

Zu Letzteren zählte der gleichfalls aus Wien stammende SS-Hauptsturmführer Franz Grün (1902–1975). Der ehemalige Boxer agierte als Leibwächter sowie rechte Hand Göths und war für seine Brutalität berüchtigt.

Dagegen hatte der SS-Untersturmführer Leonhard John die Angewohnheit, nachts Frauen bei ihrem Gang zur Latrine aufzulauern und diese schwerstens zu misshandeln.

Als weiterer willfähriger Scherge erwies sich der SS-Hauptscharführer Edmund Zdrojewski, der, auf Zuruf Göths, ohne zu zögern mordete.

Zum weiteren engeren Personenkreis des Kommandanten zählte der SS-Oberscharführer Albert Hujar, ferner der SS-Hauptscharführer Willy Eckert sowie der SS-Mann Willi Stäubl, allesamt radikalen Charakters.

Bedienstete

Für Göths Korrespondenz sowie als Dolmetscher war der aus Krakau stammende Mietek Pemper verantwortlich. Zum Leibarzt bestimmte er Leon Gross. Beide Männer genossen innerhalb des Lagers Sonderprivilegien; beispielsweise durch erhöhte Lebensmittelrationen. Darüber hinaus unterhielt Göth eine große Anzahl weiterer persönlicher Bediensteter. Darunter mehrere Hausangestellte, Dienstmädchen und Boten, einen Pferdeknecht nebst Stallburschen, einen Masseur sowie einen Chauffeur, Karosseriefacharbeiter, Lackierer und Kfz-Mechaniker für seinen aus drei Personenkraftwagen bestehenden Fuhrpark.

Unachtsamkeiten in der Pflege und Wartung der Fahrzeuge wurden durch Göth drakonisch bestraft.

Ebenso konnte das Küchenpersonal mit Schlägen bis zur Bewusstlosigkeit oder Ohrfeigen Göths rechnen, wenn die gereichten Speisen zu wenig oder zu viel gesalzen waren. Gleiches Prozedere drohte seinem Schuhmacher bei der Verwendung falscher Materialien oder wenn die für ihn von Hand gefertigten Schuhe zu groß oder zu klein geraten waren.

Für Göth sollen bis zu sechs Paar Schuhe wöchentlich produziert worden sein.

Lageralltag

Das Arbeitslager Płaszów 1942

Der Lageralltag unterlag einer strengen Ordnung Göths und war geprägt von willkürlichen Exekutionen, Schikanen, Demütigungen und Folterungen durch ihn selbst oder das Wachpersonal. Nach dem morgendlichen Zählappell wurden die Häftlinge zu den ihnen zugewiesenen Arbeiten getrieben. Auf Fluchtversuche oder Sabotage stand generell die Todesstrafe, auf den Schmuggel von Lebensmitteln dagegen beispielsweise 100 Peitschenhiebe, die oftmals zum Tode führten.

Erfolgreiche Ausbrüche wurden mit der Exekution jedes zehnten Häftlings aus der Gruppe des Geflüchteten geahndet. Nicht selten nahm Göth diese persönlich vor. Er glaubte, mit derartigen Maßnahmen seine Vorstellungen von Ordnung und Disziplin einprägsam demonstrieren zu können.

Insbesondere aber durch seine Gewohnheit, morgens vom Balkon seiner Villa mit einem Repetiergewehr wahllos auf Häftlinge zu schießen oder diese von seinen beiden Hunden – einer Dogge und einem Schäferhundmischling – zerfleischen zu lassen, erhielt Göth von den Häftlingen frühzeitig den Beinamen „Schlächter von Płaszów". Mindestens 500 Menschen brachte er eigenhändig um. Für ihn war das eine „normale" Form der Freizeitgestaltung. Nachdem er einen Menschen ermordet hatte, forderte er dessen Karteikarte an, um Verwandte ebenfalls töten zu lassen, da er keine „unzufriedenen Leute" im Lager haben wolle. Es wird weiter berichtet, dass Göth nahezu täglich wahllos tötete. Hierzu genügte bereits ein falsch gedeuteter Blick, weshalb die Häftlinge es vorzogen, in Anwesenheit Göths auf den Boden zu schauen. Ein anderes Mal erschoss er ein Opfer nur wegen einer vergessenen Ehrenbezeigung.

Nach wieder anderen Berichten ließ Göth eine Frau, die er rein zufällig beim Verzehr einer Kartoffel ertappte, in einen großen Kessel mit siedendem Wasser werfen, um sie bei lebendigem Leib (…) zu kochen.

Weiterhin gefürchtet unter den Insassen waren Göths Revisionen. Razzien der Baracken in unregelmäßigen Abständen auf versteckte Wertgegenstände jedweder Art dienten in erster Linie seiner persönlichen Bereicherung, etwa mit Diamanten oder Geld in fremder Währung. Auskunft über Verstecke erzwang Göth unter Androhung der Todesstrafe, zumeist aber mit dem Einsatz einer Reitpeitsche. Die auf diese Weise angeeigneten Raubgüter hortete er in einem Panzerschrank seiner Villa. Sperrige Gegenstände wie Bilder, Teppiche und Möbel wurden dagegen durch Mittelsmänner auf dem Schwarzmarkt verkauft und der Erlös in die eigene Tasche gewirtschaftet.

Nach einer Schätzung Pempers von 1946 soll der so nach Wien verschobene Vermögenswert einige zehn Millionen Złoty betragen haben. Der damalige Wechselkurs zur Reichsmark betrug 2:1. Der Verbleib des „Blutschatzes" ist bis heute ungeklärt.

Das geraubte Geld erlaubte es ihm unter anderem, zusammen mit seinem Vater 300.000 Mark (entspricht heute etwa 1.420.000 EUR) in Aktien der *Wiener Hermes-Druckerei und Verlagsanstalt AG* zu investieren. Erst nach der Verurteilung des Sohnes in Krakau sahen sich die österreichischen Behörden gezwungen, wegen dieses Vorgangs zu ermitteln, ohne jedoch Sanktionen gegen den Vater zu verhängen.

Er behandelte auch SS-Untergebene hart und brachte sie wegen kleinster Vergehen vor ein SS- und Polizeigericht. Nicht zuletzt hierdurch spaltete sich das Lagerpersonal in zwei Gruppen auf, eine Clique von getreuen Gefolgsmännern und jene, denen Göth missfiel oder die ihn sogar hassten.

Für seine Verdienste und Leistungen um den Aufbau des Lagers Płaszów wurde Göth am 28. Juli 1943 – unter Überspringung des Dienstranges eines SS-Obersturmführers – durch den Höheren SS- und Polizeiführer Ost (HSSPF) Friedrich-Wilhelm Krüger zum SS-Hauptsturmführer befördert.

Oskar Schindler.

„Der Gerechte unter den Völkern".

Zu dem Industriellen und späteren Duzfreund Oskar Schindler pflegte Göth ein enges freundschaftliches Verhältnis. Es war geprägt von gegenseitiger Abhängigkeit. Auf der einen Seite war Schindler auf das Wohlwollen Göths bezüglich seiner vorwiegend aus Płaszów stammenden Arbeiter angewiesen, Göth hingegen auf Schindlers diplomatisches Geschick mit höheren Dienststellen und Funktionären sowie dessen Kontakte zur Krakauer Schwarzmarktszene und seinen weitreichenden logistischen Möglichkeiten. Letztere benötigte er, um seine Raubgüter ungehindert transferieren zu können. Vermutlich noch vor der Liquidierung des Krakauer Ghettos im März 1943 trafen beide Männer erstmals aufeinander. Recht bald wurde Schindler – nicht zuletzt wegen seiner oft wechselnden weiblichen Begleitung – gern gesehener Gast im Haus des Kommandanten.

So gelang es Schindler bereits im April 1943, Göth davon zu überzeugen, für die Arbeiter der Deutschen Emailwarenfabrik (DEF) Schindlers ein separates Außenlager errichten zu lassen. Als Begründung hierfür führte er an, dass der täglich drei Kilometer lange Anmarschweg aus Płaszów der Produktivität seines Unternehmens schade. Die Fertigstellung des aus elf Baracken bestehenden Lagers erfolgte Ende Mai 1943. Dort waren die „Schindler-Juden" der direkten Willkür Göths entzogen und erhielten bessere Verpflegung.

Zur Person:

Oskar Schindler (* 28. April 1908 in Zwittau, Mähren, Österreich-Ungarn; † 9. Oktober 1974 in Hildesheim, Bundesrepublik Deutschland)
war ein deutschmährischer Unternehmer, der während des Zweiten
Weltkrieges gemeinsam mit seiner Frau Emilie etwa 1200 bei ihm an-
gestellte jüdische Zwangsarbeiter vor der Ermordung in den Vernichtungslagern des NS-Staates bewahrte.

Nach dem weltweiten Bekanntwerden der Verbrechen des Nationalsozialismus, besonders des Holocaust an den Juden, setzte sich in Israel
allmählich die Meinung durch, dass auch an die Menschen erinnert
werden müsse, die das Schicksal der Juden damals nicht gleichgültig
hinnahmen, sondern ihnen auf vielfältige Weise zu helfen versuchten
und dazu persönliche Risiken und Nachteile auf sich nahmen. Man sah
im Verhalten dieser verhältnismäßig wenigen Einzelpersonen zugleich
Beispiele dafür, was vielen weiteren Zeitgenossen des Holocaust an
Hilfe für die verfolgten Juden möglich gewesen wäre, wenn sie diese
als persönliche Verpflichtung angesehen hätten. Diese Beispiele wollte
man der Nachwelt ebenso überliefern wie die Verbrechen.

Die staatliche israelische Holocaustgedenkstätte Yad-Vashem erkannte Schindler 1967 für die Rettung der Zwangsarbeiter als *Gerechten unter den Völkern* an. Am 24. Juli 1993 bestätigte Yad Vashem diese ursprüngliche Entscheidung und erweiterte die Anerkennung auch auf Schindlers Frau, Emilie Schindler.

Rettung jüdischer Zwangsarbeiter

In der Zeit von 1939 bis Ende 1942 war sein Betrieb zu einer Emaille- und Munitionsfabrik gewachsen, die 45.000 m² groß war und fast 800 Arbeitskräfte beschäftigte. Unter diesen waren 370 Juden aus dem Krakauer Ghetto, das im März 1941 errichtet worden war. Schindlers Widerstand gegen das Regime entwickelte sich nicht aus ideologischen Gründen. Den zuvor opportunistischen Fabrikanten widerte die Behandlung der hilflosen jüdischen Bevölkerung an. Allmählich traten seine finanziellen Interessen gegenüber dem Verlangen zurück, so viele Juden wie möglich vor den Nationalsozialisten zu retten. Am Ende der Entwicklung waren Schindler und seine Ehefrau nicht nur bereit, ihr gesamtes Vermögen (nach heutigem Wert eine Million Euro) für dieses Ziel auszugeben, sie setzten sogar ihr Leben aufs Spiel.

Die angestrebte Basis der Rettungsbemühungen war die Einstufung seiner Fabrik als *kriegswichtige Produktionsstätte*. Dies gelang ihm, denn die Militärverwaltung des besetzten Polen erkannte 1943 sein Emaillierwerk als Rüstungsbetrieb (Produktion von Granatenhülsen) an. Das ermöglichte ihm, sowohl wirtschaftlich lukrative Verträge abzuschließen als auch jüdische Arbeiter anzufordern, die unter der Kontrolle der SS standen. Um dies zu erreichen, stellte er die Häftlinge als unabkömmlich für seine Produktion dar, deren Deportation das Erfüllen kriegswichtiger Aufträge verlangsamen würde.

Durch diese Täuschung konnte er Ausnahmen erwirken, sobald Juden der Abtransport in Vernichtungslager drohte. Seinen Sekretär, Buchhalter und Finanzier Abraham Bankier beispielsweise bewahrte er am 3. Juni 1942 vor der Deportation nach Belzec.

Auf riskante Weise nutzte er die zufällige Namensgleichheit mit Max Schindler, um mit einem beabsichtigten Missverständnis auf SS-Personal Einfluss zu bekommen. Schindler scheute sich bei seinem Vorgehen nicht, zu lügen oder Dokumente zu fälschen, indem er Akademiker und Kinder als qualifizierte Metallarbeiter ausgab. Ebenso gelang das Erreichen der Einstufung als *kriegswichtiger Produktionsbetrieb* mittels eines Täuschungsmanövers im Schriftverkehr mit der SS. Erfolge bei hartnäckigen Verhandlungen mit der SS konnte er auch verbuchen, nachdem Geschenke und Bestechungsgelder geflossen waren.

Zwangsarbeitslager Plaszow und Schindlers Nebenlager

Im März 1943 räumte die SS das Krakauer Ghetto. Ein Teil der Juden wurde in Vernichtungslager deportiert. Juden, die von der SS als arbeitsfähig eingestuft worden waren, deportierte sie in das Zwangsarbeitslager Plaszow Schindler, konnte sich mit dem brutalen Lagerkommandanten Amon Göth anfreunden, was ihm zu der Erlaubnis verhalf, seine jüdischen Fabrikarbeiter in einem eigenen Lager in der Krakauer Lipowastraße unterzubringen. Um das neu entstandene Lager wurden Wachtürme errichtet, die SS betrat es jedoch selten. Die Arbeiter wurden durch einen Signalton vorgewarnt, sobald die SS eine Lagerinspektion plante. Das Betreten seines Fabrikgeländes war der SS verboten.

Durch das Arrangement eines Nebenlagers war es ihm möglich, seinen Arbeitern vergleichsweise gute Bedingungen zu bieten und ihre mangelhaften Ernährungsrationen mit Lebensmitteln zu ergänzen, die er auf dem Schwarzmarkt kaufte.

Verhöre und Reise nach Ungarn

Schindler wurde mehrmals von der Gestapo vernommen, die ihn wegen Unregelmäßigkeiten, Bestechung der SS und der Begünstigung von Juden verdächtigte. Dies schreckte Schindler aber nicht davon ab, weiter zu handeln. Die Gestapo verhaftete und verhörte ihn 1941 wegen Schwarzmarktaktivitäten. Aufgrund einer Anzeige kam es am 29. April 1942 zu einer weiteren Verhaftung; er war als „Judenküsser" denunziert worden. Seine alten Kontakte zum *Amt Ausland/Abwehr* begünstigten unter anderem seine schnellen Haftentlassungen.

Von Historikern noch wenig erforscht ist die Nähe des Kontaktes zu seinem ehemaligen Vorgesetzten Admiral Canaris, für den Schindler vier Jahre beim *Amt Ausland/Abwehr* gearbeitet hatte. Canaris war von Hitler mehrfach kritisiert und vom Dienst suspendiert worden, unter anderem, weil er Juden beschäftigte. Auch hatte Canaris – der nach dem Attentat vom 20. Juli 1944 hingerichtet wurde – Juden als V-Männer ins Ausland geschickt und sie damit gerettet; zudem hatte er die Einsatzgruppen in Polen kritisiert.

Im Jahr 1943 reiste Schindler auf Bitte der Zionistenorganisation *Joint* heimlich nach Budapest, wo er sich im Hotel Pannonia mit ungarischen Juden traf. Er schilderte diesen die verzweifelte Lage der polnischen Juden und diskutierte Hilfsmöglichkeiten.

Ab 1944: Umwandlung von Plaszow in ein KZ

Im Januar 1944 wurde das 1940 errichtete Zwangsarbeitslager Plaszow in ein KZ umgewandelt, das heißt in das reichsweite KZ-System und dessen Organisationsstruktur eingegliedert. Schindlers Lager, in dem seine Arbeiter wohnten, wurde nun KZ-Außen*kommando* genannt, war jedoch trotzdem noch ein KZ-Außen*lager*. Der Unterschied zwischen Außenlager und Außenkommando war im KZ-System folgendermaßen definiert: Die Arbeiter eines *Außenkommandos* waren tagsüber zum Arbeitseinsatz am jeweiligen Rüstungsbetrieb und schliefen nachts im KZ, wo sie auch täglich auf dem Appellplatz antreten mussten. Die Arbeiter eines *Außenlagers* kehrten hingegen abends nicht zurück, sie wohnten und schliefen in einem Lager beim Rüstungsbetrieb, das von KZ-Wachen kontrolliert wurde. Schindler hatte auch hier getrickst und Vorteile für seine Arbeiter errungen: Sie mussten nur wochenends statt täglich ins KZ Plaszow zurück und entgingen dadurch unter anderem der Willkür Göths.

Faktisch bestand die gravierende Neuerung darin, dass das neu entstandene KZ und sein vermeintliches *Außenkommando* sich nun unter strengster Kontrolle der Inspektion der Konzentrationslager befanden, der *Amtsgruppe D* in Berlin. Amon Göth, dem Schindler so nahestand, dass er ihn freundschaftlich mit seinem Spitznamen *Mony* ansprechen durfte, hatte neue Vorgesetzte bekommen. Für Schindler verkomplizierte sich die Sachlage enorm. Er musste nun versuchen, mit mehreren und noch unbekannten Personen zu verhandeln, um sie wohlgesinnt zu stimmen. Er reiste nach Berlin, um Sicherheit für seine Arbeiter und sein Lager auszuhandeln.

Die Produktion von Blechgeschirr ließ er beenden, die Fabrik produzierte nun ausschließlich Munition.

Ab Sommer 1944 wurde bekannt, dass das KZ Plaszow aufgelöst werden sollte. Auch Schindlers zugehöriges Nebenlager hatte vom *Heereswaffenamt Berlin* einen Räumungsbefehl erhalten. Anstatt sich mit dem Millionengewinn seiner Kriegsproduktionsgeschäfte aus dem Staub zu machen und seine Arbeiter dem sicheren Tod zu überlassen, beschloss Schindler, mit seiner Fabrik umzuziehen und seine Arbeiter mitzunehmen. Der geplante sicherere Ort der neuen Fabrik war Brünnlitz in Mähren, das im Bezirk Zwittau lag, wo Schindler geboren und aufgewachsen war und viele Kontakte hatte.

Die strenge Kontrolle durch die Amtsgruppe D hatte weitere Folgen. Im Herbst kam es zur Verhaftung des SS-Offiziers Amon Göth durch die NS-Justiz. Einer seiner SS-Leute hatte ihn aufgrund von Schwarzmarktgeschäften und Unterschlagung von Reichseigentum angezeigt. Während Göth in Untersuchungshaft war, übernahm der SS-Mann Arnold Büscher die Leitung des KZ Plaszow.

KZ-Außenlager Brünnlitz in Zwittau

Ende 1944 wurde das KZ Plaszow mit allen Außenlagern aufgrund des Vormarsches der Roten Armee geräumt. Die SS deportierte über 20.000 Juden aus Plaszow in Vernichtungslager.

Schindler war es gelungen, alle nötigen Genehmigungen zu erhalten, um seine *kriegswichtige Produktion* im mährischen Brünnlitz, Bezirk Zwittau, fortzusetzen. Die SS hatte ihm 800 Männer und 300 Frauen als Arbeiter bewilligt. Zu seinen bisherigen Arbeitern kam eine große Anzahl neuer Namen aus dem Lager Plaszow. Insgesamt umfasste die Liste der „Schindlerjuden" schließlich 297 Frauen und 781 Männer. Die Übersiedlung der Männer in das Arbeitslager Brünnlitz begann am 15. Oktober 1944 und erfolgte unter der Kontrolle des KZ Groß-Rosen.

Der Transport der Frauen führte über Auschwitz, da eine SS-Vorschrift verlangte, dass alle Häftlinge, Männer wie Frauen, in Quarantäne kamen, bevor sie in ein anderes Lager verlegt wurden. Ebenso waren Leibesvisitationen vorgeschrieben, die sich auch auf den Intimbereich erstreckten. All das musste bei weiblichen Häftlingen von Frauen durchgeführt werden, allerdings verfügte Groß-Rosen zu diesem Zeitpunkt weder über das entsprechende Personal noch über die Einrichtungen, um die 300 Schindlerfrauen zu behandeln. Deswegen wurden die Frauen über das nächstgelegene KZ geleitet, in diesem Fall in das ca. 60 km entfernte Auschwitz. Schindler gelang es, die Männer aus dem Lager Groß-Rosen zu retten. Sein persönlicher Sekretär schaffte es, in Auschwitz den Weitertransport der Frauen auszuhandeln, indem er der Gestapo eine erhöhte Bezahlung von 7 Reichsmark pro Tag und Kopf versprach.

Es handelte sich dabei nicht, wie häufig berichtet, um den einzigen Fall, in dem eine so große Gruppe die Vernichtungslager verlassen durfte, aber um den bekanntesten.

In den letzten Kriegstagen floh Schindler nach Deutschland. In Schindlers Produktionsstätten war keiner seiner Arbeiter geschlagen oder in ein Vernichtungslager deportiert worden, keiner starb eines unnatürlichen Todes.

Nach dem Kriegsende

Finanziell war die Nachkriegszeit für Schindler wenig erfolgreich. Zunächst versuchte er und ein Teil seiner Begleitung, in Konstanz in die Schweiz illegal einzureisen. Einem Teil seiner nun noch achtköpfigen Begleitung gelang dies. Er wurde dabei von Schweizer Beamten festgenommen und der französischen Besatzungsmacht in Deutschland übergeben. Von November 1945 bis Mai 1950 wohnte er in der Altstadt von Regensburg im Anwesen Am Watmarkt 7, wo später eine Gedenktafel angebracht wurde, danach nördlich der Donau im Vorort Steinweg. Dann ließ er sich eine Zeit lang in San Vicente, Argentinien, nieder, wo er mit seiner Frau Emilie († 2001) eine Nutriafarm betrieb. Nachdem diese 1957 bankrottgegangen war, kehrte er alleine nach Westdeutschland zurück und betätigte sich als Handelsvertreter. Ein Versuch, als Betonfabrikant zu reüssieren, endete 1961 in der Insolvenz.

Als von ihm gerettete Juden von seinen finanziellen Schwierigkeiten erfuhren, luden sie ihn nach Jerusalem ein.

Ab diesem Zeitpunkt lebte Oskar Schindler ein „geteiltes" Leben: Die eine Hälfte des Jahres verbrachte er in Frankfurt am Main, wo er von der hessischen Landesregierung eine kleine Ehrenrente zugesprochen bekam und zurückgezogen in einer Einzimmerwohnung am Bahnhof lebte; die andere Hälfte des Jahres verweilte er bei von ihm geretteten Juden in Jerusalem. So verfuhr Schindler bis zu seinem Tod. An seinem ehemaligen Wohnhaus am Hauptbahnhof 4 in Frankfurt am Main ist eine Gedenktafel angebracht. Von 1971 bis 1974 wohnte Schindler in Hildesheim, Göttingstraße 30, wo ebenfalls eine Plakette angebracht wurde. Am 9. Oktober 1974 verstarb er im St.-Bernward-Krankenhaus in Hildesheim. Er fand auf seinen Wunsch hin seine letzte Ruhe auf dem römisch-katholischen Franziskanerfriedhof am Berg Zion in Jerusalem. Bis heute besuchen zahlreiche Juden sein Grab und ehren ihn, indem sie dort einen kleinen Stein niederlegen.

„Wer immer ein Menschenleben rettet, hat damit gleichsam
eine ganze Welt gerettet"

126

KZ Płaszów

Mit Wirkung vom 10. Jänner 1944 erhielt Płaszów den Status eines Konzentrationslagers. Im Zuge dessen wurden Göth etwa 600 SS-Aufseher und Aufseherinnen unterstellt. Darunter befanden sich Alice Orlowski, die bereits in Majdanek durch ihre Grausamkeiten auffällig geworden war, sowie Luise Danz und Hildegard Lächert. Oberaufseherin wurde Else Ehrich, die zuvor in Majdanek an Selektionsmaßnahmen für die Gaskammer mitgewirkt hatte.

Ermittlungsverfahren

Göths anhaltende Schwarzmarktgeschäfte, das strenge Verhalten gegenüber Untergebenen und sein ausschweifender Lebensstil führten im Sommer 1944 zu einer Anzeige durch andere SS-Angehörige. Ein zuvor angestrengtes Verfahren gegen ihn wegen Zollhinterziehung war im Mai 1943 noch folgenlos eingestellt worden. Für die Bearbeitung der neuerlichen Beschwerde zeichnete der SS-Obersturmbannführer und SS-Richter Konrad Morgen verantwortlich, der entsprechende Ermittlungsschritte einleitete. Im Zuge dieser Untersuchungen wurde im Bahnhof von Oppau Ende August 1944 ein erster Waggon mit Raubgütern Göths sichergestellt, dem weitere folgen sollten.

Verhaftung

Hierauf wurde Göth am 13. September 1944 durch Gestapobeamte in seiner Płaszówer Villa verhaftet. Der durch das zuständige SS- und Polizeigericht VI (Krakau) ausgestellte Haftbefehl lautete auf Verdacht der Aneignung von Wertgegenständen und Geld jüdischer Häftlinge zum Zwecke persönlicher Bereicherung sowie auf unvorschriftsmäßige Behandlung von Gefangenen.

Nach Aufenthalt in Wien, wahrscheinlich um sich um persönliche Angelegenheiten kümmern zu dürfen, wurde Göth vor ein SS-Ehrengericht gestellt. Während der zeitgleich mit ihm angeklagte Scherner wegen derselben Anklagepunkte degradiert und der SS-Sondereinheit Dirlewanger zur Frontbewährung überstellt wurde, kam Göth gegen Kaution frei. Vermutlich befand er sich in den Folgemonaten aber nicht gänzlich auf freiem Fuß, sondern war zumindest zeitweise in Dachau festgesetzt.

Kriegsende

Ende Jänner 1945 besuchte Göth letztmals Schindler an dessen neuem Produktionsstandort im mährischen Brünnlitz, möglicherweise um sich seiner dort deponierten Wertsachen zu vergewissern oder sich Teile davon anzueignen. Danach begab er sich zur medizinischen Behandlung eines Geschwürs am Zwölffingerdarm in ein Wiener Lazarett. Dort wurde Göth, nach Konfiszierung weiterer persönlichen Beuteguts, am 17. Februar 1945 von der Feldpolizei verhaftet und anschließend über das Polizeigebäude Rossauer Lände in die Justizvollzugsanstalt München in Untersuchungshaft verbracht. Auf einen neuerlichen Prozess wartend wurde Göth ebenda am 27. April 1945 von Angehörigen der SS-Feldpolizei abgeholt, für den Dienst an der Waffe zwangsverpflichtet und dem in München-Freimann stationierten *Flak-Ersatz-Regiment 3* zugewiesen. Aufgrund seiner nach wie vor schlechten gesundheitlichen Verfassung wurde er jedoch von dort aus in ein Lazarett nach Bad Tölz eingewiesen.

Göth in alliierter Internierung, August 1945

In Bad Tölz wurde Göth Anfang Mai 1945 durch Beamte des US-amerikanischen Counter Intelligence Corps (CIC) wegen Verdachts auf
mögliche begangene Kriegsverbrechen im KZ-Dachau verhaftet und
unter Arrest gestellt. Ihm gelang es aber, durch Annahme einer Schei-
nidentität seine wahre Herkunft zu verschleiern. In Briefwechseln mit
Angehörigen beklagte er sich unter anderem über die unzureichende
Versorgung mit Lebens- und Genussmitteln sowie anständiger Kleidung. Um den Jahreswechsel 1945/46 hoffte Göth, der im Internie-
rungslager Dachau unter der Nummer 4596 einsaß, auf baldige Freilassung. Im Jänner 1946 beantragte Göth eine Überprüfung seiner
Haftgründe. Hierin legte er dar, nie im KZ Dachau tätig gewesen zu sein
und dass der entsprechende Verdacht gegen ihn nur dadurch zustande
gekommen sei, dass er mit SS-Angehörigen des genannten Lagers gemeinsam verhaftet worden sei.

In weiterer Begründung führte er stattdessen vage auf, im Krakauer Gebiet tätig gewesen zu sein, was die US-amerikanischen Behörden zu weiteren Ermittlungen seine Person betreffend veranlasste. Angesichts neuer vorgelegter Beweise räumte Göth schließlich im Februar 1946 im Rahmen eines Verhörs ein, Kommandant von Płaszów gewesen zu sein, bemühte sich aber zugleich um die Relativierung respektive Verharmlosung der dort begangenen Verbrechen und Lagerzustände. Seine Aussagen wurden jedoch durch zahlreiche Zeugenaussagen überlebender Insassen widerlegt. Ende Mai 1946 wurde Göth gemeinsam mit dem ehemaligen Kommandanten des Konzentrationslagers Auschwitz, Rudolf Höß, den polnischen Justizbehörden überstellt.

Hinrichtung

Am 13. September 1946 und damit acht Tage nach der Urteilsfindung wurde Göth seinem Henker überstellt. Der genaue Stichtag war zuvor wegen befürchteter Tumulte und Unruhen seitens der Öffentlichkeit vom Gericht geheim gehalten worden. Die Exekution fand gegen 18:00 Uhr im Krakauer Gefängnis Montelupich statt. An ihr nahmen neben dem Scharfrichter und dem Gefängnisdirektor zusätzlich Vertreter der Anklage sowie ein Arzt nebst einem Geistlichen teil. Dem verurteilten Delinquenten waren auf dem Weg zum Galgen und anschließenden Vollzug die Hände auf dem Rücken gebunden. Die reibungslose Vollstreckung des Urteils wurde durch den Umstand vereitelt, dass sich das vorbereitete Seil als zu lang erwies. Es musste wegen der Körpergröße Göths zweimal nachgekürzt werden. Erst der dritte Anlauf gelang. Seine letzten Worte waren: *„Heil Hitler"*

Nikolaus Klaus Barbie alias „Klaus Altmann".

* 25. Oktober 1913 in Godesberg; † 25. September 1991 in Lyon.

Er war ein mehrfach verurteilter deutscher NS-Kriegsverbrecher. Von 1942 bis 1944 war er Gestapo-Chef von Lyon; wegen seiner Grausamkeit war er als „Schlächter von Lyon" bekannt.

Nach dem Einmarsch der Wehrmacht in das bis dahin von der Vichy-Regierung verwaltete, unbesetzte Südfrankreich im November 1942 übernahm er als Leiter der Abteilung IV mit Erich Bartelmus, der Leiter für Judenangelegenheiten war,.

Vor Ort ging Barbie mit großer Grausamkeit vor. Er hatte die Suite 68 im zweiten Stock des Lyoner Hotels *Terminus* gemietet und hielt dort „Orgien unsäglich scheußlicher Gemeinheiten" (Barbies Biograph Tom Bower) ab. Barbie folterte katholische Priester mit Elektroschocks, hängte sie an den Füßen auf, ließ Kinder hungern und prügelte sie. Dabei weinten sie nicht laut, sondern haben nur noch gewimmert.

Nackte Frauen wurden bis zur Bewusstlosigkeit geprügelt und verge-
waltigt. <u>Barbie folterte mit Schneidbrennern, glühenden Schürhaken,</u>
<u>Elektroschocks, kochendem Wasser und einer ganzen Sammlung an</u>
<u>Peitschen, Werkzeugen und Knüppeln</u>, die bei Verhören vor ihm auf
dem Schreibtisch lagen. Die Folterungen, die viele seiner Opfer nicht
überlebten, zogen sich teilweise über einige Tage hin.

Darüber hinaus wurden ihm zahlreiche weitere Verbrechen zur Last gelegt, unter anderem das Massaker in Saint-Genis-Laval, die Verantwortung für die Deportation der Kinder von Izieu, für die Razzia in der Rue
Sainte-Catherine sowie zahlreiche Erschießungen im Gefängnis Fort
Montluc. Dabei ging er mit großer Brutalität und Rücksichtslosigkeit vor.

Kurz vor dem Kriegsende tauchte er in Deutschland unter.

Wegen seiner Verbrechen wurde Barbie 1947 in Frankreich in Abwesenheit zum ersten Mal zum Tode verurteilt. Mit Hilfe der USA emi-
grierte Barbie 1951 auf der sogenannten Rattenlinie unter dem Namen *Klaus Altmann* nach Bolivien, betätigte sich dort als Geschäfts-
mann und wurde später auch bolivianischer Staatsbürger.

Im November 1952 wurde Barbie in Lyon wegen Gräueltaten gegen die
Zivilbevölkerung und die Widerstandsbewegung im Jura der Prozess
gemacht, er wurde ein zweites Mal in Abwesenheit zum Tode verurteilt.
Auch ein dritter Prozess im November wegen des Massa-
kers von Saint-Genis-Laval und zahlreicher Erschießungen im Ge-
fängnis Montluc endete mit einem Todesurteil. Barbie war von Mai bis
Dezember 1966 für den Bundesnachrichtendienst (BND) unter dem
Decknamen *Adler* tätig.

Dabei war dem BND nicht bekannt, dass es sich bei dem von ihm an-
geworbenen mutmaßlichen Klaus Altmann tatsächlich um Barbie handelte. Dieser erhielt 500 Mark Monatshonorar, später auch zusätzliche
Leistungsprämien und lieferte dem BND mindestens 35 Berichte aus
Südamerika. Nur wenige Wochen nach seiner Anwerbung fungierte er
als Repräsentant des Bonner Unternehmens *Merex AG* von Gerhard
Mertins, das im Auftrag des BND überflüssiges Material der Bundes-
wehr auf dem Weltmarkt absetzen sollte. Der Agent wurde als intelligent, sehr aufnahme- und anpassungsfähig, verschwiegen und zuver-
lässig bewertet. Mit Zahlung eines „Abschaltgeldes" von 1000 DM be-
endete der BND nach nur gut einem halben Jahr die Zusammenarbeit
mit Barbie.

Beate und Serge Klarsfeld gelang es Anfang der 1970er Jahre, nach
einem Hinweis durch die Münchner Staatsanwaltschaft, Klaus Barbie
in Bolivien aufzuspüren. 1972 scheiterte ein Entführungsversuch, der
von dem französischen Revolutionstheoretiker Régis Debray und der
deutschen Untergrundkämpferin Monika Ertl – mit Wissen Serge
Klarsfelds und des späteren stellvertretenden Innenministers von Bolivien, Gustavo Sánchez Salazar – vorbereitet worden war. 1975 stand
der Franzose Michel Goldberg nach langer Vorbereitung unmittelbar
davor, Barbie zu ermorden, sah sich jedoch im letzten Moment außer-
stande, seine mitgeführte Waffe abzufeuern, nachdem er sich unter
dem Vorwand eines journalistischen Interviews mit Barbie in La
Paz getroffen und ausführlich unterhalten hatte. Goldberg hatte nach
eigenen Angaben geplant, sich persönlich für den Tod seines Vaters zu
rächen, der 1943 als Jude unter Barbies Verantwortung aus Lyon nach
Auschwitz verschleppt und dort ermordet worden war.

Der Barbie-Prozess

Am 4. Februar 1983 wurde Barbie nach Frankreich ausgeliefert und vor Gericht gestellt.

Barbie wurde vorgeworfen, für die Razzia im Hauptquartier der *Union générale des israélites de France* am 9. Februar 1943 in Lyon und die damit verbundene Deportation von 85 Juden verantwortlich gewesen zu sein, ebenso für die Deportation der 44 jüdischen Kinder von Izieu. Insgesamt wurde Klaus Barbie für die Deportation von 842 Menschen angeklagt.

Am 4. Juli 1987 wurde Barbie der Verbrechen gegen die Menschlichkeit schuldig gesprochen und zu einer lebenslangen Haftstrafe verurteilt.

Klaus Barbie starb am 25. September 1991 mit 77 Jahren in französischer Haft in Lyon an Krebs.

Der Völkermord war auch Frauensache.

Manche von ihnen waren nicht weniger grausam als ihre männlichen Mittäter. Die Analyse zahlreicher Biografien, die Gedenkstättenleiterin Simone Erpel vorgelegt hat, zeigt auch, wie schnell sich die Frauen an die Lagerrealität gewöhnten, diese mittrugen und zum Teil durch selbst ausgeübte Gewalt noch verschärften. Kaum eine bat um Entlassung, obwohl dies keine persönlichen Konsequenzen gehabt hätte.

Maria Mandl,
* 10. Januar 1912 in Münzkirchen, † 24. Januar 1948 in Krakau
war eine österreichische Oberaufseherin im Frauenlager
des Vernichtungslagers Auschwitz-Birkenau und des KZ
Ravensbrück. Sie gilt als verantwortlich für die Tötung
tausender weiblicher KZ-Häftlinge.

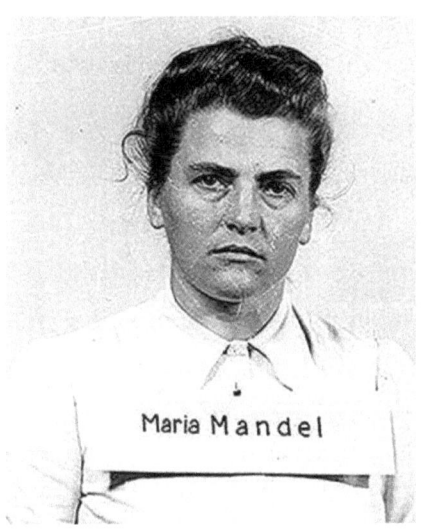

Mandl trat am 15. Oktober 1938 als Aufseherin in das KZ Lichtenburg in der Provinz Sachsen ein, eines der ersten Konzentrationslager in Deutschland.

Sie arbeitete dort mit etwa fünfzig anderen Frauen, die wie sie dem SS-Gefolge angehörten.

Am 27. Februar 1941 beantragte sie die Aufnahme in die NSDAP und wurde zum 1. April desselben Jahres aufgenommen (Mitgliedsnummer 8.920.045). Im April 1942 wurde sie zur Oberaufseherin befördert. Im KZ überwachte sie den täglichen Ablauf und den Einsatz der ihr unterstellten Aufseherinnen. Unter ihr waren die Insassen grausamen Misshandlungen wie Schlägen und Auspeitschungen ausgesetzt. Sie suchte auch Frauen für Menschenversuche aus.

Anfang Oktober 1942 wurde Mandl ins KZ Auschwitz-Birkenau als Nachfolgerin von Johanna Langefeld versetzt. Sie leitete im Dienstrang der Oberaufseherin als Arbeitsdienstführerin, von August 1943 bis Januar 1944 gemeinsam mit Schutzhaftlagerführer Franz Hößler, das Frauenlager. Dort wurde sie allgemein bekannt als „die Bestie". Sie wählte Gefangene für den Tod in den Gaskammern aus und war an Misshandlungen beteiligt.

Mandl schuf das bekannte Mädchenorchester von Auschwitz, das den Aus- und Einzug der Gefangenen zur Zwangsarbeit mit Märschen begleiten und Konzerte zur Unterhaltung von KZ-Mannschaft und Besuchern spielen musste. Mandl selbst hatte eine Vorliebe für eine Arie aus Puccinis *Madama Butterfly*, die ihr die Gefangene Fania Fénelon manchmal mitten in der Nacht vorsingen und spielen musste.

Im Mai 1945 floh Mandl aus Mühldorf in die Alpen. Am 10. August 1945 wurde sie von Soldaten der US-Armee festgenommen und verhört. Dabei wurde sie als intelligent und grausam zugleich beschrieben.

In ihrem Prozess in Krakau, der 1947 mit dem Todesurteil endete, erklärte sie: *„Man konnte an dem Lager Ravensbrück absolut nichts Schlechtes finden."*

Nach ihrer Auslieferung an die Volksrepublik Polen im September 1946 wurde Mandl am 22. Dezember 1947 vom Obersten Volkstribunal im Krakauer Auschwitzprozess zum Tode durch den Strang verurteilt. In der Urteilsbegründung wurde noch einmal ihre Grausamkeit betont: „Die Angeklagte misshandelte sogar die Häftlingsfrauen, die bereits von ihr auf dem Selektionswege zum Tode ausgesondert waren."

Am 24. Januar 1948 wurde Mandl im Krakauer Montelupich-Gefängnis hingerichtet. Ihre letzten Worte waren *„Lang lebe Polen"*

Irma Ilse Ida Grese

* 7. Oktober 1923 in Wrechen; † 13. Dezember 1945 in Hameln.

war eine deutsche KZ-Aufseherin in den Konzentrationslagern

Ravensbrück, Auschwitz-Birkenau sowie Bergen-Belsen.

Nach der Beschäftigung in einem Molkereibetrieb in Fürsten-
berg wurde sie im Spätsommer 1942 Aufseherin im KZ Ravensbrück.
Dort hatte sie nach einiger Zeit die Aufsicht über kleinere Arbeitskommandos. Grese, die zu dieser Zeit ihre Familie noch regelmäßig besuchte, überwarf sich mit ihrem Vater, da sie sich freiwillig für den
Dienst im SS-Gefolge bewarb, und er verwies sie des Hauses. Im März
1943 wurde sie ins KZ Auschwitz-Birkenau II (Birkenau) versetzt, wo
sie zunächst Telefondienst bei einem Blockführer verrichtete und danach ein Straßenbau- und ein Gartenkommando leitete. Ab Mai 1944
war sie im Frauenlager in Auschwitz-Birkenau eingesetzt. Als Haupt-
aufseherin hatte sie Gewalt über bis zu 30.000 weibliche Häftlinge.

Als Wärterin mit scheinbar grenzenloser Grausamkeit agierte sie mit Peitsche und Gummiknüppel hemmungslos gegen Frauen und Männer. Ihrem Begleithund soll sie wiederholt befohlen haben, Häftlinge anzufallen. Ihre ungezügelten und plötzlichen Wutausbrüche waren dort gefürchtet. Auf eine junge <u>schwangere</u> Frau hetzte sie ihren Schäferhund, der sie zerfleischte. Ein männlicher Lagerinsasse wurde von ihr mit ihrer Eisenkugel-Peitsche und ihren eisenbeschlagenen Stiefeln so lange geschlagen und getreten, <u>bis er nicht mehr wie ein Mensch aussah</u>. Sie verlangte Operationen <u>ohne Betäubung</u> und mit nicht sterilisierten Messern durchzuführen und ergötzte sich an den Todesschreien ihrer Opfer. Ihre Brutalität brachte ihr die Namen „Hyäne von Auschwitz" ein. Ende 1944 unterstanden ihr zwei Blöcke mit männlichen Häftlingen im Stammlager. Bei der Evakuierung des KZ Auschwitz leitete Grese am 18. Januar 1945 einen Häftlingstransport in das KZ Ravensbrück. Von dort leitete sie Anfang März 1945 einen der Todesmärsche von KZ-Häftlingen in das KZ Bergen-Belsen, wo sie als Arbeitsdienstführerin tätig war. Ende 1944 unterstanden ihr zwei Blöcke mit männlichen Häftlingen im Stammlager. Bei der Evakuierung des KZ Auschwitz leitete Grese am 18. Januar 1945 einen Häftlingstransport in das KZ Ravensbrück. Von dort leitete sie Anfang März 1945 einen der Todesmärsche von KZ-Häftlingen in das KZ Bergen-Belsen, wo sie als Arbeitsdienstführerin tätig war. Am 15. April 1945 wurde das KZ Bergen-Belsen durch britische Truppen befreit, die dort über 10.000 Tote und etwa 60.000 Überlebende vorfanden. Grese wurde am 17. April verhaftet und mit dem verbliebenen Lagerpersonal dazu verpflichtet, alle Leichen abzutransportieren und in Massengräbern zu bestatten.

Grese war eine der 45 Angeklagten im ersten Bergen-Belsen-Prozess (MTV-Halle Lüneburg), der vom 17. September bis 17. November 1945 unter britischem Militärrecht verhandelt wurde. Ihr Ankläger, Oberst Backhouse, sagte über sie im Prozess: *„Es gibt keine einzige Grausamkeit, die in diesem Lager stattgefunden hat, für die sie nicht als Verantwortliche bekannt war. Sie nahm regelmäßig an der Selektion für die Gaskammer teil, strafte willkürlich, und als sie nach Belsen kam, fuhr sie genau so fort.“* Im Einzelnen wurde ihr vorgeworfen, sie habe u. a. eigenhändig mehrere weibliche Häftlinge erschossen, auch soll sie Wachen dazu aufgefordert haben. Zusammen mit Josef Mengele soll sie regelmäßig an Selektionen teilgenommen haben, kleinere auch eigenständig durchgeführt haben. Regelmäßig habe sie weibliche Häftlinge geschlagen, die dann an den Folgen oftmals gestorben oder von ihr in den Block 25 gebracht worden seien. Dort wurden verletzte Häftlinge untergebracht, bis man sie in die Gaskammern brachte. Grese, die auf nicht schuldig (*„Es war unsere Pflicht, die asozialen Elemente auszurotten, um die Zukunft Deutschlands zu sichern“.*) plädiert hatte, wurde im Prozess wegen sowohl in Auschwitz als auch in Bergen-Belsen begangener Verbrechen am 17. November 1945 zum Tod durch den Strang verurteilt. Ein Gnadengesuch wurde von Feldmarschall Montgomery am 7. Dezember abgelehnt. Am 13. Dezember 1945, im Alter von 22 Jahren, wurde sie im Zuchthaus Hameln durch den englischen Henker Albert Pierrepoint gehängt. Sie war die jüngste Frau, die im 20. Jahrhundert unter britischer Gerichtsbarkeit hingerichtet wurde. Ihr letztes Wort war: „schnell“.

Nur 25 KZ-Aufseherinnen von ca. 3500 wurden zum Tode verurteilt. Die allermeisten KZ-Täterinnen entgingen einer Bestrafung und in Nürnberg saß keine einzige auf der Anklagebank.

Epilog

Im Tagebuch von Lejzor Czarnobroda, polnischer Journalist jüdischer Herkunft, ist zu lesen: „Warum weinen wir nicht"?

„Jeden Augenblick erwartet uns dasselbe grausame Schicksal, das bereits unsere Familien ereilt hat; unsere Mütter, Väter, Schwestern, Brüder, vergast, erschossen und gequält in den Folterkammern.

Wir können nicht weinen, wir haben aufgehört Menschen zu sein.

Wir sind Schmerz, Qual, der blutige Schatten der Ermordeten, unserer Nächsten und Freunde!"

Quelle: Der Text ist ein Auszug aus Ryszard Czarkowskis Buch *"Die Schatten von Treblinka"*. Die Neuauflage des Buches ist im April 2020 im Verlag Bellona erschienen.

2. Teil:

1. Kapitel: Demokratie auf Messers Schneide.

Damals NSDAP, heute AfD. Sie hören einfach nicht auf, zu existieren. Eine Schande für Deutschland, denn wieder einmal wurden die Rechtsradikalen nicht ernst genommen! Wie konnte es nur so weit kommen? Haben wir denn gar nichts gelernt? Eine einfache Antwort gibt es nicht. Man muss die Vergangenheit betrachten, wenn man die Gegenwart begreifen will. Nur in der Retrospektive lässt sich eine Kausalität zwischen gestern und heute herstellen, um den Kontext der Zeitläufte einzuordnen, denn die Schatten der Vergangenheit reichen bis in die Gegenwart:

Adolf Hitlers Wahlkampfrede 1932: *„Eine Nation wirtschaftlich zerstört, den Bauernstand ruiniert, den Mittelstand verelendet, die Finanzen im Reich, in den Ländern, in den Kommunen zerrüttet, alles bankrott und viele Millionen Arbeitslose. Sie können sich winden, wie sie wollen: dafür sind sie* (die demokratischen Parteien) *verantwortlich! Und es musste ja so kommen. Glaubt man wirklich, dass eine Nation überhaupt irgendwelche Leistungen vollbringen kann, wenn ihr politisches Leben so zerfetzt und zerrissen ist wie unser deutsches?*

Rückblick: Weimar lässt grüßen.

Heute wie damals versagten die demokratischen Parteien. Die Wirtschaft am Boden, die Finanzen zerrüttet, der Mittelstand in der Krise usw. Das zeigte Wirkung: Die AfD hat sich zwischen 2013 und 2028 von einer kleinen Splitterpartei zu einer der mächtigsten politischen Bewegungen in Deutschland entwickelt. Ihr Aufstieg war eng mit den politischen und wirtschaftlichen Krisen der Bundesrepublik verbunden. Eine zentrale Strategie der AfD war der massive Einsatz von Propaganda in eigenen Medien, im Internet sowie bei öffentlichen Auftritten. Mit dieser erfolgreichen Propagandastrategie gelang es ihr, breite Bevölkerungsschichten zu mobilisieren. Die großen Parteien der Bundesrepublik -die SPD, die CDU und die CSU- versuchten die Demokratie zu stabilisieren, konnten aber angesichts von Inflation, Reformstau, Arbeitslosigkeit und Vertrauensverlust, nicht genügend Widerstand leisten. Viele Menschen hatten das Gefühl, dass es den Politikern mehr um die eigene Inszenierung und eigene Interessen gehe als um die konstruktive Lösung von Problemen. Hinzu kamen gegensätzliche Strategien im Umgang mit der AfD. Konservative sahen die Ausbreitung rechtsextremer Positionen in Teilen der Bevölkerung nicht als Folge der AfD-Propaganda, sondern als Ausdruck der öffentlichen Meinung. Sie folgten daher dem Rechtsruck, was zu einer weiteren politischen Spaltung der politischen Mitte führte. Die bürgerlich-liberale FDP, die in der Bundesrepublik eine wichtige politische Kraft gewesen war, entwickelte zunehmend einen wirtschaftsliberalen Kurs. Dadurch verlor sie immer mehr an Zustimmung, bis sie schließlich bedeutungslos wurde. Die Parteien links von der SPD gewannen in dieser Zeit an Einfluss und forderten einen Systemwechsel, taten aber wenig bis nichts, um Wähler aus anderen Schichten zu gewinnen.

Im Gegenteil, die kleinbürgerliche Mittelschicht wurde verprellt. Die zunehmenden wirtschaftlichen Probleme ab 2020 verschlechterten die wirtschaftliche Lage vieler Deutscher. Gravierende Versäumnisse beim der Reform der Verwaltung (Bürokratie) der Bundesrepublik und die mangelnde Kompromissfähigkeit der etablierten Parteien führten zu einem breiten Vertrauensverlust der Bevölkerung in das politische System. Die AfD nutzte die Unsicherheiten und Ängste geschickt aus und inszenierte sich mit ihrem nationalen Zukunftsplan. Ihr Versprechen, das politische Chaos zu beenden fand großen Anklang. Bei den Bundestagswahlen 2021 wurde die SPD stärkste Fraktion im Bundestag. Aufgrund der schwierigen Mehrheitsverhältnisse zog sich die Regierungsbildung jedoch über viele Wochen hin. Unter der Führung von Bundeskanzler Olaf Scholz wurde schließlich eine Koalition aus SPD, FDP und den GRÜNEN gebildet. Das neue Kabinett geriet gleich zu Beginn seiner Amtszeit in eine schwere Krise. Grund dafür waren die konfliktreichen, politischen Auseinandersetzungen zwischen den Koalitionspartnern selbst. Vor allem in den Bereichen Haushalt und Sozialleistungen lagen die Positionen weit auseinander. Dies führte schließlich 2024 zum Bruch der Koalition. Während die SPD geführte Regierung mit ihren koalitionsinternen Problemen beschäftigt war, vollzog sich eine weitere Radikalisierung der Parteienlandschaft. Die vorgezogenen Neuwahlen 2025 kamen der AfD sehr gelegen. Die schlechten Ergebnisse der Vorgängerregierung und die zahlreichen Streitigkeiten zwischen den demokratischen Parteien trieben die Wähler in die Arme der AfD. Sie erzielte einen massiven Wahlerfolg - jeder fünfte Wähler gab ihr seine Stimme - und wurde zweitstärkste Kraft.

Quelle: Eigene Beobachtungen und Recherchen

Gesunder Menschenverstand, wo bist du?

Die Ergebnisse der Wahlen vom 23. 2. 2025 sprechen für sich. Die AfD liegt bei 20,8 %. (+10,4) und ist nach der CDU 28,5 % die 2.stärkste Kraft. Die Zeit der Verharmlosung ist nun vorbei, denn viel fehlt nicht mehr, dann ist das Chaos perfekt, denn bei 25 % könnten sie im Alleingang Untersuchungsausschüsse im Bundestag ins Leben rufen und davon haben sie eine Menge im Programm. Hinzu kommt, dass sie jetzt schon zusammen mit den Linken eine Sperrminorität haben und wichtige Entscheidungen des Parlaments blockieren können.

Die Macht der eigenen Stimme.

Noch leben wir in einer Demokratie und jede*r kann wählen, wen er will. Gerade deshalb sollte sich Jede*r in Zukunft darüber im Klaren sein, dass wenn er weiterhin der AfD seine Stimme gibt, macht er sich mitschuldig an der Zerstörung der Demokratie, denn wenn diese Verfassungsfeinde an die Macht kommen, untergraben sie die Demokratie. Über die ungeschriebenen Regeln des gegenseitigen Respekts setzen sich diese geistig umnachteten Brandstifter sowieso hinweg. Und sind sie erstmal in die Zentren der Macht gekommen, bekommt man sie kaum wieder hinaus.

Fazit: Die Merz-Koalition muss nun „Gott sei`s geklagt", auf „Gedeih und Verderb" liefern. Es liegt aber auch an uns, diesen Entwicklungen entschlossen entgegenzutreten, denn ab sofort zählt jedes Prozent, ansonsten wird die AfD 2029 spätestens 2033 die Wahl gewinnen. Demokratie, Rechtsstaatlichkeit und Meinungsfreiheit werden dann nur noch ein Relikt aus der Vergangenheit sein, so ein Politologe.

Und soll keiner wieder sagen, er hätte es nicht gewusst!

Die AfD, „geistiger Dünnschiss," und die hässliche Wahrheit.

Auf der Straße marschiert die AfD Seite an Seite mit Neonazis, Pegida und Reichsbürgern. Björn Höcke, war in der Vergangenheit immer wieder mit extremistischen Äußerungen aufgefallen und gilt als einer der wichtigsten Vertreter des Rechtsaußen-Flügels in der AfD.

25 krasse Höcke Zitate, die tief blicken lassen.

1. „Und diese dämliche Bewältigungspolitik, die lähmt uns heute noch viel mehr als zu Franz Josef Strauß' Zeiten. Wir brauchen nichts anderes als erinnerungspolitische Wende um 180 Grad!" (Was heißt, die Zeit des Nationalsozialismus positiv zu betrachten, was man aus seiner Rede auch einfach herauslesen kann,)

2. „Wir Deutschen [...] sind das einzige Volk der Welt, das sich ein Denkmal der Schande in das Herz seiner Hauptstadt gepflanzt hat." (Die absichtliche Doppeldeutigkeit, mit der Höcke das Holocaust-Denkmal in Berlin bezeichnet hat, wird ihm als antisemitisch ausgelegt. Er behauptet, er habe den Holocaust mit der „Schande" gemeint, der Kontext seiner Rede lässt das jedoch nicht vermuten,)

3. „Ich will, dass Magdeburg und dass Deutschland nicht nur eine tausendjährige Vergangenheit haben. Ich will, dass sie noch eine tausendjährige Zukunft haben, und ich weiß, ihr wollt das auch." (Eine direkte Kopie nationalsozialistischer Sprache durch Höcke, siehe „Tausendjähriges Reich")

4. Das Problem ist, dass Hitler als absolut böse dargestellt wird." (Eine Verharmlosung und Relativierung Hitlers und des Dritten Reiches.)

5. Er sagt, dass eben nicht die Aggressivität der Deutschen ursächlich für zwei Weltkriege war, sondern letztlich ihr Fleiß, ihre Formliebe und ihr Ideenreichtum. Das europäische Kraftzentrum entwickelte sich so prächtig, dass die etablierten Machtzentren sich gezwungen sahen, zwei ökonomische Präventivkriege gegen das Deutsche Reich zu führen. (Unter dem Pseudonym Landolf Ladig drehte Höcke die Schuld am Zweiten Weltkrieg um und verherrlicht die NS-Herrschaft.)

6. Ebenfalls als Landolf Ladig beklagte er die „Zinsknechtschaft", „zinsverursachter Wachstumszwang" und das „Zinsgeldsystem". („Brechung der Zinsknechtschaft" war zentraler Slogan der NSDAP, die damit eine „Herrschaft der Juden" meinte.)

7. „Wir müssen klar darauf hinweisen, dass Merkel nicht das Problem ist, sondern dass sie der Kopf eines stinkenden Fisches ist... Dass nicht nur Merkel weg muss, sondern dass das Merkel-System weg muss [...] und dieses Merkel-System sind sämtliche Kartellparteien, die es nicht gut mit diesem Land meinen." (Höcke möchte alle anderen Parteien abschaffen.)

8. Höcke möchte laut seinem Buch den Kampf gegen den vermeintlich „bevorstehenden Volkstod durch den Bevölkerungsaustausch" antreten. (Genau auf dieses rechtsextreme Märchen stützten sich auch der Christchurch- und Halle-Attentäter.)

9. „Neben dem Schutz unserer nationalen und europäischen Außengrenzen wird ein groß angelegtes Remigrationsprojekt notwendig sein." („Remigration" ist ebenfalls ein von Rechtsextremen und dem Christchurch-Attentäter genutztes Wort, was einfach „Deportationen" bedeutet. Höcke möchte Massendeportationen durchführen.)

10. Ziel dieser „Remigration" sei es, nach „der erhofften Wendephase" (Machtantritt der AfD) „kulturfremde" Menschen (Afrikaner und Asiaten) zu deportieren. Und weiter „Vor allem eine neue politische Führung wird dann schwere moralische Spannungen auszuhalten haben: Sie ist den Interessen der autochthonen Bevölkerung verpflichtet und muss aller Voraussicht nach Maßnahmen ergreifen, die ihrem eigentlichen moralischen Empfinden zuwiderlaufen." Man werde, „so fürchte ich, nicht um eine Politik der ‚wohltemperierten Grausamkeit' herumkommen." (Höcke will diese Massendeportationen also notfalls mit Gewalt durchführen,)

11 „Auch wenn wir leider ein paar Volksteile verlieren werden, die zu schwach oder nicht willens sind, sich der fortschreitenden Afrikanisierung, Orientalisierung und Islamisierung zu widersetzen." Er denke an einen „Aderlass". (Höcke will bei seinen Massendeportationen auch den Tod oder die Verbannung von Menschen in Kauf nehmen [oder verursachen], die sich dagegen wehren.)

12. „Ich weise dieser Partei einen langen und entbehrungsreichen Weg. Aber es ist der einzige Weg, der zu einem vollständigen Sieg führt, und dieses Land braucht einen vollständigen Sieg der AfD und deshalb will ich diesen Weg – und nur diesen Weg – mit euch gehen, liebe Freunde!" (Höcke träumt also von einem „Endsieg" der AfD,)

13. „Mit der Bombardierung Dresdens und der anderen deutschen Städte wollte man nichts anderes, als uns unsere kollektive Identität [zu] rauben. Man wollte uns mit Stumpf und Stiel vernichten, man wollte unsere Wurzeln roden. Und zusammen mit der dann nach 1945 begonnenen systematischen Umerziehung hat man das auch fast geschafft." (Höcke bezeichnet die Entnazifizierung als etwas Schlechtes, ergo ist Nazi-Denken gut?)

14. „Eine wirkliche Demokratie ist Deutschland heute für mich nicht mehr. Deutschland ist für mich heute eine Maulkorbdemokratie, die leider auf dem besten Weg ist, eine Wohlfühldiktatur zu werden." (Höcke behauptet, wir würden in keiner Demokratie leben, weil er angeblich nicht mehr alles sagen dürfe,)

15. „Heimat verliert man dadurch, dass man zur Minderheit im eigenen Land wird. In den westdeutschen Großstädten ist es mittlerweile so, dass wir Deutschen Minderheit im eigenen Land sind." (Das ist natürlich eine Lüge, deutsche Staatsbürger sind natürlich nicht die Minderheit. Aber auch „Deutsche ohne Migrationshintergrund" sind auch in allen westdeutschen Großstädten immer noch die größte Gruppe. Es ist wieder die rechtsextreme Theorie des Volkstods. Ähnliche Zitate brachte er sogar häufiger.)

16. „Die sogenannte Einwanderungspolitik, die nichts anderes ist als eine von oben verordnete multikulturelle Revolution, die nichts anderes ist als die Abschaffung des deutschen Volkes." (Wieder die Neonazi-Fantasien vom „Volkstod",)

17. „Im 21. Jahrhundert trifft der lebensbejahende afrikanische Ausbreitungstyp auf den selbstverneinenden europäischen Platzhaltertyp." (Das ist klassische „Rassenlehre" und einfach Rassismus,)

18. „Der Syrer, der zu uns kommt, der hat noch sein Syrien. Der Afghane, der zu uns kommt, der hat noch sein Afghanistan. Und der Senegalese, der zu uns kommt, der hat noch seinen Senegal. Wenn wir unser Deutschland verloren haben, dann haben wir keine Heimat mehr!" (Höcke behauptet, jemand, der von einem vom Krieg zerstörten Land geflohen ist habe noch eine Heimat, aber die Deutschen würden ihre wohlhabende, friedliche Heimat verlieren.)

19. „Ich habe die AfD stets als letzte evolutionäre Chance für unser Land bezeichnet. Sie kann es nur bleiben, wenn sie – als eigentlich zutiefst bürgerliche Partei – über ihren Schatten springt: Sie muss in den nächsten Jahren als fundamentaloppositionelle Bewegungspartei gegen die Feinde des Gewordenen organisieren." (Höcke erklärt die AfD zum Feind aller anderen Parteien.)

20. „Die Sehnsucht der Deutschen nach einer geschichtlichen Figur, welche einst die Wunden im Volk wieder heilt, die Zerrissenheit überwindet und die Dinge in Ordnung bringt, ist tief in unserer Seele verankert, davon bin ich überzeugt." (Höcke behauptet, die Deutschen sehnen sich nach einem „Führer.)

21 „Die Überwindung des Parteigeistes und die enge Verbindung mit den neutralen, sachkompetenten staatlichen Institutionen halte ich für entscheidend bei der Lösung der anstehenden Probleme. Bis dahin ist es die Aufgabe der AfD, eine unüberhörbare parlamentarische Stimme und Vertretung der Volksopposition im Land zu sein." (Höcke möchte das Parteiensystem „überwinden" und durch „staatliche Institutionen" ersetzen.)

22. „Ein paar Korrekturen und Reförmchen werden nicht ausreichen, aber die deutsche Unbedingtheit wird der Garant dafür sein, dass wir die Sache gründlich und grundsätzlich anpacken werden. Wenn einmal die Wendezeit gekommen ist, dann machen wir Deutschen keine halben Sachen, dann werden die Schutthalden der Moderne beseitigt." (Höcke möchte keine Reformen einführen, sondern will eine Revolution.)

23. „Die Weißen und die Schwarzen setzten sich vor ihrer Amerikanisierung aus mehreren hochdifferenzierten Völkern mit eigenen Identitäten zusammen. Jetzt sind sie in einer Masse aufgegangen. Diesen Abstieg sollten wir Europäer vermeiden und die Völker bewahren." (Muss man zu diesem offensichtlichen Rassismus noch etwas sagen?)

24 „Überlegung über ein Zusammengehen oder Koalieren mit Teilen des politischen Establishments setzt deren Läuterung und prinzipielle Neujustierung voraus. Das ist erst zu erwarten, wenn das Altparteienkartell unter der steigenden Krisenlast zerbrochen ist." (Höcke nennt nicht nur alle anderen Parteien kriminell, er will auch nur mit „Teilen des politischen Establishments" zusammenarbeiten, wenn diese vollständig auf AfD-Linie stehen.)

25 „Die Altparteien sind nicht nur inhaltlich erstarrt, sie sind inhaltlich entartet." („Entartet" ist ein offizieller Propagandabegriff der Nazis, mit welchem sie Kunstwerke bezeichneten, die nicht ihrer Ideologie entsprachen.)

Diese Liste könnte man noch sehr viel länger machen, doch Höcke wiederholt sich im Grunde genommen immer wieder: <u>Er verherrlicht oder verharmlost Hitler und den Nationalsozialismus</u>, er fantasiert einen Untergang des „deutschen Volkes" herbei wegen Ausländern und er gibt „Globalisten" und „Eliten" die Schuld daran, die im Hintergrund die Strippen ziehen sollen. Wenn man hinschaut, sieht man, dass „Globalisten" das „internationale Judentum" und „Ethnopluralismus" die „NS-Rassenlehre" sind, nur mit neuen Namen. Quelle: www.volksverpetzer.de/analyse/25-krasse-hoecke-zitate/

Viele AfD-Zitate und Aussagen werden angezweifelt.

Hier der Faktencheck:

„Das große Problem ist, dass man Hitler als das absolut Böse darstellt." Björn Höcke, AfD >Echt! (Quelle: welt.de)

„Bescheidenheit bei der Entsorgung von Personen ist unangebracht" – Jörg Meuthen, AfD >Echt, wenn auch nicht sinnentstellend abgeändert: „Überhaupt, ihre Bescheidenheit, nur diese eine Person entsorgen zu wollen, erscheint mir hier ausnahmsweise unangebracht." (Quelle: derwesten.de). Meuthen ist mittlerweile kein AfD-Mitglied mehr.

„Antifa? Ab ins KZ!" Mirko Welsch, AfD, MdL >Echt, auch hier sinnge-mäß abgeändert. „#Abschiebung der #Antifa nach #Buchenwald" (Screenshot). Mirko Welsch ist mittlerweile aus der AfD ausgetreten.

„Homosexuelle ins Gefängnis? Das sollten wir in Deutschland auch machen!" Andreas Gehlmann, AfD >Echt, wenn auch nicht sinnentstel-lend abgeändert: Als Antwort auf den Satz „Wer Homosexualität aus-lebt, dem droht dafür eine Gefängnisstrafe" sagte er: „Das sollten wir in Deutschland auch machen!" (Quelle: sueddeutsche.de)

„Ich würde niemanden verurteilen, der ein bewohntes Asylantenheim anzündet." Marcel Grauf, Referent von Dr. Christina Baum, AfD und Heiner Merz, AfD >Echt! (Quelle: taz.de)

„Wir sollten eine SA gründen und aufräumen!" Andreas Geithe, AfD >Echt! (Quelle: tagesspiegel.de)

„Drecksack-Antifakindern bekiffter Eltern gehört eine verpasst und in den Dreck geworfen. Ihnen gehört gedroht, dass sie nächstes Mal un-ter der Erde liegen!" Egbert Ermer, AfD >Echt! (Quelle: YouTube)

„Wir müssen die Printmedien und den öffentlich-rechtlichen Propagan-daapparat angreifen und abschaffen." Heiko Hessenkemper, AfD >Echt! (Quelle: saechsische.de)

„Wer versucht, die AfD zu richten, den richtet die AfD!" Hans-Thomas Tillschneider, AfD >Echt! (Quelle: mz-web.de)

„Wenn wir kommen, dann wird aufgeräumt, dann wird ausgemistet!" Markus Frohnmaier, AfD >Echt! (Quelle: YouTube)

„Brennende Flüchtlingsheime sind kein Akt der Aggression." Sandro Hersel, AfD >Echt! (Quelle: taz.de)

„Wenn jemand kommt, und den ganz großen Knüppel rausholt und das damit schafft, innerhalb von zwei Tagen zu beenden, bin ich sofort dabei." Beatrix von Storch, AfD >Echt! (Quelle: belltower.news)

„Das Pack erschießen oder zurück nach Afrika prügeln." Dieter Görnert, AfD >Echt! (Quelle: reddit.com)

„Solche Menschen müssen wir selbstverständlich entsorgen." Petr Bystron, AfD >Echt, das ganze Zitat: *„Und da hat mein Freund Dr. Gauland 100-prozentig Recht – solche Menschen müssen wir selbstverständlich entsorgen"* (Quelle: faz.net)

„Immerhin haben wir jetzt so viele Ausländer im Land, dass sich ein Holocaust mal wieder lohnen würde." Marcel Grauf, Referent von Dr. Christine Baum, AfD und Heiner Merz, AfD >Echt! (Quelle: kontextwochenzeitung.de)

„Ich wünsche mir so sehr einen Bürgerkrieg und Millionen Tote. Frauen, Kinder. Mir egal. Es wäre so schön. Ich will auf Leichen pissen und auf Gräbern tanzen. SIEG HEIL!" Marcel Grauf, Referent von Dr. Christina Baum, AfD und Heiner Merz, AfD >Echt! (Quelle: spiegel.de)

„Wir müssen ganz friedlich und überlegt vorgehen, uns ggf. anpassen und dem Gegner Honig ums Maul schmieren, aber wenn wir endlich soweit sind, dann stellen wir sie alle an die Wand. (…) Grube ausheben, alle rein und Löschkalk obendrauf." Holger Arppe, AfD >Echt! (Quelle: tagesspiegel.de). Arppe ist inzwischen nicht mehr in der AfD.

„Die politische Korrektheit gehört auf den Müllhaufen der Geschichte" – Alice Weidel, AfD > Echt. (Quelle: sueddeutsche.de)

„Von der NPD unterscheiden wir uns nicht durch Inhalte." Dubravko Mandic, AfD >Echt, das ganze Zitat: „Von der NPD unterscheiden wir uns vornehmlich durch unser bürgerliches Unterstützer-Umfeld, nicht so sehr durch Inhalte". (Quelle: www1.wdr.de)

„Vogelschiss in der deutschen Geschichte": Der AfD-Partei- und Fraktionsvorsitzende Alexander Gauland verharmloste in einer Rede die Herrschaft der Nationalsozialisten. SPD-Generalsekretär Lars Klingbeil antwortete: „Gauland lasse mit seiner Aussage jegliche Fassade fallen. Das ist eine erschreckende Verharmlosung des Nationalsozialismus. Es ist eine Schande, dass solche Personen im Deutschen Bundestag sitzen."

Fazit zum Thema AfD-Zitate

Alle Zitate sind echt! Einige sind bereits älter und wurden von Personen getätigt, die nicht mehr in der AfD sind und andere sind leicht abgeändert worden, ohne den sinngemäßen Inhalt zu verändern, jedoch sind alle diese Aussagen so oder so ähnlich von (Ex-)AfD-Mitgliedern getätigt worden. In einem Fall ist eine Aussage sinngemäß umformuliert worden, weil sie ohne Kontext unklar sein könnte.

Natürlich ist die AfD keine Neuauflage der NSDAP. Aber NS-Verherrlichung und -verharmlosung wird in diesen Kreisen in ungeahnter Weise betrieben. Und das geht schon lange über Einzelfälle hinaus,

Der Umstand, dass einige der Personen inzwischen nicht mehr in der AfD sind, ändert nichts an der Tatsache, dass sie diese Aussagen im Kontext ihrer Parteizugehörigkeit getätigt haben.

Quelle: Eigene Recherchen sowie www.volksverpetzer.de/analyse/afd-zitate/

Höcke will die in der rechtsextremen Szene als "Gesinnungsparagra-fen" verhasste Bestrafung der "Volksverhetzung" abschaffen, worunter etwa die Leugnung des Holocaust fällt. Mit dieser Forderung ist der 52-jährige Wahlthüringer nicht alleine: Im Jahr 2007 forderte die neonazis-tische Partei NPD (heute "Die Heimat") im Schweriner Landtag die Lan-desregierung auf, sich für die Streichung des Paragrafen auf Bundes-ebene einzusetzen. Am Tag des Gedenkens der Befreiung von Auschwitz, an einem Tag, an dem wir an mehr als sechs Millionen Jü-dinnen und Juden denken, die in der Shoah von den Nazis ermordet wurden, müssen wir feststellen: Jede Holocaustleugnung heute ver-höhnt die Opfer von damals.

Die juristische Bankrotterklärung.
Antisemiten können nur selten belangt werden

Entgegen landläufigen Meinungen sind Antisemitismus wie auch die Leugnung beziehungsweise Relativierung des Holocaust von der Mei-nungsfreiheit gedeckt. (…) Lediglich unter bestimmten Voraussetzun-gen können Antisemiten für ihr Handeln juristisch belangt werden. Auch der Blick auf deutsche Schulhöfe zeigt, wie normalisiert die Verbreitung von holocaustverharmlosenden Inhalten ist. Trotz der Beschäftigung mit dem Nationalsozialismus erfreuen sich vermeintliche Witze über die Ermordung von sechs Millionen Jüdinnen und Juden großer Beliebt-heit. Das Landgericht Frankfurt am Main entschied sogar, dass 1.600 Nachrichten, darunter verharmlosende Witze über den Holocaust aus der Chatgruppe "Itiotentreff" Frankfurter Polizeiangehöriger zwar "nati-onalistisch, antisemitisch, rassistisch und menschenverachtend" seien, aber nicht strafbar. (…)

Aus Worten werden Taten.

Jede Leugnung oder Relativierung des Holocaust ist nicht nur eine Verhöhnung der Opfer, sondern stellt eine Form der Gewalt gegenüber den Überlebenden und ihren Nachkommen dar. Diese Erinnerungsabwehr kann Überlebende und ihre Nachfahren retraumatisieren, sie löst Wut und tiefe Trauer aus – Wut darüber, dass die Realität der Schrecken in Zweifel gezogen wird, und Trauer über den fehlenden Respekt vor ihrem Leid.

Wie aus Worten Taten werden, zeigen die von der Recherche- und Informationsstelle Antisemitismus veröffentlichten Halbjahreszahlen für 2024. In Berlin wurden 21 Vorfälle an jüdischen Gedenkorten dokumentiert.

Genau dabei wirkt auch die AfD als Brandbeschleuniger: Sie trägt zur Normalisierung solcher Narrative wie dem sogenannten Schuldkult bei, der in Form des "German Guilt"-Vorwurfs auch auf antiisraelischen Demonstrationen zu sehen ist. Die AfD verschiebt die Grenzen des Sagbaren immer weiter. Indem sie den Schutz von Meinungsfreiheit instrumentalisiert, öffnet sie auch Türen für Relativierungen und geschichtsrevisionistische Aussagen, die Antisemitismus und Rassismus salonfähig machen. Wenn juristische Konsequenzen ausbleiben, braucht es zumindest eine klare gesellschaftliche Sanktionierung. Eine Haltung, die das Relativieren und Leugnen nicht duldet und konsequent verurteilt. Es liegt an uns, diesen Entwicklungen entschlossen entgegenzutreten durch Bildung, Erinnerung und eine klare Ablehnung jeglicher Relativierung.

Quelle:www.t-online.de/nachrichten/deutschland/innenpolitik/id_100582784/judenhass-in-deutschland-wie-die-afd-hass-und-leugnung-befeuert.html Autor Ruben Gerczikow

2. Kapitel: Antisemitismus in Deutschland

Der Antisemitismus in Deutschland war 2024 alarmierend.

Der Judenhass ist nach einer neuen Studie in Deutschland fest etabliert. Experten von RIAS warnen vor rechtsextremen Denkmustern. Was bedeutet das für den Alltag von Jüdinnen und Juden?

Rechtsextremismus ist weiterhin eine wesentliche Ursache für antisemitische Vorfälle und antisemitische Gewalt in Deutschland. Das belegt die Studie "Rechtsextremismus und Antisemitismus", die der Bundesverband der Recherche- und Informationsstellen Antisemitismus (BV RIAS) vor dem Jahresende veröffentlichte.

Antisemitismus geht über rechtsextremes Milieu hinaus

Die Untersuchung erfasste tausende antisemitische Vorfälle in den Jahren 2019 bis 2023 in Deutschland. Bis Ende 2023 sollte man betonen, denn mit dem Terror der Hamas am 7. Oktober 2023 und dem nachfolgenden Gaza-Krieg "explodierte" - so beschreibt es BV RIAS - die Zahl antisemitischer Vorfälle. Der Trend im Jahr 2024 sei alarmierend. Manche der neueren Äußerungen griffen auf rechtsextrem vorgeprägte Muster zurück, erklären die Autoren der Studie. Antisemitismus sei, sagt RIAS-Geschäftsführer Benjamin Steinitz, "ein weit über das rechtsextreme Milieu hinaus anschlussfähiges Phänomen". Daniel Poensgen, wissenschaftlicher Referent des BV RIAS, wies darauf hin, dass die Studie nicht repräsentativ sei und keine Gesamtzahlen abbilde.

Es sei von einer "hohen Dunkelziffer" auszugehen, denn nach wie vor würden Zahlen nicht umfassend erfasst. Doch kaum eine andere Arbeit bietet vergleichbares seriös ermitteltes Zahlenmaterial: Die Studie benennt den jeweiligen Hintergrund antisemitischer Vorfälle nur dann, wenn ihre Zuordnung gesichert ist. Denn - so Poensgen - dies sei vielfach nicht zu ermitteln, weil Täter unbekannt blieben oder die Motive hinter den Vorfällen nicht eindeutig zuzuordnen seien.

So sei nur bei rund 44 Prozent der insgesamt 13.654 Vorfälle der politische Hintergrund zu benennen. Den größten Einzelaspekt bilden rechtsextreme Hintergründe. Das betrifft weit mehr als ein Drittel der Vorfälle, die man einstufen kann.

RIAS nennt Beispiele für rechtsextrem motiviertem Judenhass. Der bekannteste Fall von "extremer Gewalt" war der Terrorangriff auf die Synagoge von Halle am 9. Oktober 2019.

Ein weiteres Beispiel ist der Angriff auf einen Juden in Frankfurt/Main im Juli 2022, bei dem ein Nachbar dessen Tür eintrat und den Juden mit Schlägen verletzte. Obwohl einige Hausbewohner die Hilfeschreie gehört hatten, zeigte niemand Zivilcourage oder kam zur Hilfe, heißt es in der Studie.

Als Angriffe werden unter anderem Übergriffe in öffentlichen Verkehrsmitteln oder das Anspucken von Juden auf offener Straße aufgeführt. Antisemitismus verbindet sehr unterschiedliche rechtsextreme Akteure miteinander. Von der neuen Rechten über die AfD bis zu Fußballfans, sagt Co-Autor Poensgen. Zentrale Bezugspunkte seien der Nationalsozialismus und die Schoa.

3. Kapitel: Die AfD als Gefahr für jüdisches Leben.

Das längste Einzelkapitel der Studie, mehr als ein Viertel des Gesamt-
textes, befasst sich mit dem Thema "Die Alternative für Deutschland
und Antisemitismus". Im Bundestag und den meisten deutschen Land-
tagen sitzen AfD-Abgeordnete. Gerade in den ostdeutschen Bundes-
ländern gilt die Partei als rechtsextrem. "Das Erstarken einer Partei,
deren Ideologie systematisch antisemitische Ressentiments auslöst,
stellt nicht nur eine Gefahr für jüdisches Leben, sondern auch für
demokratische Akteur*innen in Deutschland dar", heißt es zusammen-
fassend.

In diesem Jahr 2024 legten der BV RIAS und einzelne seiner Landes-
verbände wiederholt aktuelle Zahlen zu antisemitisch bewerteten Vorfällen vor. Auch Innenpolitiker äußern sich besonders nach entspre-
chenden Ereignissen. Der Bundestag debattierte und verabschiedete
im Herbst eine Resolution. Kurz vor Weihnachten legte auch die Bundesregierung ihren zweiten "Bericht zur Bekämpfung von Antisemitismus" vor. Und Bundesinnenministerin Nancy Faeser (SPD) erklärte:
"Es ist unsere (…) Verantwortung, alles zum Schutz von Jüdinnen und
Juden zu tun." Antisemitismus sei ein "eigenständiges gesellschaftli-
ches Phänomen", die Antisemitismus-Forschung müsse ausgebaut
werden.

Um die Auswirkungen des Antisemitismus zu verdeutlichen, gab der
RIAS-Bundesverband Raum für einen Erfahrungsbericht der Vorsitzen-
den der Jüdischen Gemeinde zu Dresden, Ekaterina Kulakova. Die
Musikpädagogin, die seit bald zwei Jahren für die Gemeinde in der
sächsischen Landeshauptstadt spricht, schilderte eindrücklich die Situation der Dresdner Gemeinde.

"Wir haben regelmäßig Schmierereien an der Synagoge und am Jüdischen Friedhof", so die 55-Jährige.

"Wir könnten eine kleine Ausstellung machen, es ist alles dokumentiert." Sie erzählt auch, wie sie gelegentlich, wenn eine Demonstration vorbeiziehe, während jüdische Kinder im Gebäude unterrichtet würden, mit dem Hausmeister im Innenhof der Synagoge hinter dem Schutzgitter stehe, um gewappnet zu sein und Schlimmeres zu verhindern.

Aber es gehe nicht allein um Angriffe auf das Gebäude, so Kulakova. Eine Bedrohung oder Beleidigung könne beispielsweise auch beim Bäcker passieren. Längst sei ihnen geraten worden, beim Einkaufen keine jüdische Kopfbedeckung, keinen Davidstern als Schmuck zu tragen und nicht zu erzählen, dass sie Juden seien.

Massive Schutzmaßnahmen vor Synagoge.

Kulakova nannte noch eine besondere Einschränkung, die die Sicherheitsmaßnahmen für die Jüdische Gemeinde zu Dresden zur Folge hätten. Die Synagoge sei ein schöner Bau mit großer Glasfront, weil man ein gastfreundliches Haus habe sein wollen.

"Man konnte einfach hereinkommen", sagte sie. „Seit zwei Jahren nicht mehr." Die "absoluten Schutzmaßnahmen" machten Besuche unmöglich, und seien "nicht nur wegen muslimischen Antisemitismus" verschärft worden.

Die RIAS-Veranstaltung mit Kulakova fand im Landtag von Brandenburg in Potsdam statt. Der Weg dahin führt an der neuen Synagoge vorbei, die Anfang Juli 2024 mit politischer Prominenz eröffnet worden war. Der Bundespräsident hielt eine Rede, die Außenministerin war dabei. Damals zeigte man sich auch stolz auf das kleine Café im Erdgeschoss als Möglichkeit zur Begegnung.

Nun kleben Schilder am Eingang: "Geschlossen" und "Bis auf weiteres keine Besuchsmöglichkeit".

Quelle: www.dw.com/de/antisemitismus-2024-war-in-deutschland-alarmierend/a-71037370

4. Kapitel: Brandmauer? Pustekuchen.

Merzantrag bekommt Mehrheit mit AfD-Stimmen.

Die Kritik an Friedrich Merz reißt nicht ab: Michel Friedman verlässt die CDU aufgrund der Abstimmung mit der AfD. Der Publizist sieht in der Zusammenarbeit eine Gefahr für die Demokratie. Der deutsch-französische Publizist jüdischen Glaubens Michel Friedman hat seinen Austritt aus der CDU bekannt gegeben. Hintergrund ist die jüngste Abstimmung im Bundestag, bei der die CDU/CSU-Fraktion mit Unterstützung der FDP sowie der AfD einen Antrag zur Verschärfung des Asylrechts durchsetzte, wie die "Hessenschau" berichtet. Friedman bezeichnete diesen Schritt als eine "katastrophale Zäsur für die Demokratie" der Bundesrepublik und ein "unentschuldbares Machtspiel". Bereits vor drei Monaten hatte er AfD-Abgeordnete als "geistige Brandstifter" kritisiert. Friedman äußerte nun auch Bedenken hinsichtlich der Auswirkungen dieser Zusammenarbeit auf zukünftige politische Entscheidungen. Er glaube Merz zwar, dass er mit AfD nicht koalieren wolle, aber die "Büchse der Pandora" zur Normalisierung der AfD sei mit der jüngsten Abstimmung ausgerechnet auf Bundesebene geöffnet worden. Das werde sich auch auf die Politik in Städten und Gemeinden auswirken. "Die Naivität derjenigen, die bei der CDU uns erklären wollen, dass das alles ja nicht gewollt war, dass man deren Stimmen gar nicht haben wollte, ist so unterkomplex, dass man da gar nicht mehr hinhören kann", so Friedman.

www.t-online.de/nachrichten/deutschland/bundestagswahl/id_100588622/michel-friedman-verlaesst-die-cdu-protest-gegen-afd-abstimmung.html

Newsticker: 23.2.2025: Friedrich Merz schließt eine Zusammenarbeit mit der AfD kategorisch aus.

Holocaust-Überlebender gibt Bundesverdienstkreuz zurück.

Der 99-jährige Albrecht Weinberg aus Leer in Ostfriesland will gemeinsam mit dem Mannheimer UNESCO-Künstler Luigi Toscano sein Bundesverdienstkreuz zurückgeben. Er prophezeit CDU-Chef Merz weiteren Widerstand. „Ich habe es gern mal angesteckt", erzählt Albrecht
Weinberg. „Wissen Sie, nach allem, was ich in Deutschland erlebt habe
als Jude, erfüllte mich das mit Stolz. Ich fühlte eine große Ehre, als ich
es 2017 erhielt. Nun aber", sagt der 99-Jährige, „will ich es nicht mehr."
Bundespräsident Frank-Walter Steinmeier wird von Albrecht Weinberg
das Bundesverdienstkreuz zurückbekommen.

Weinberg hat die Konzentrationslager Auschwitz und Bergen-Belsen
überlebt, seine Schwester Friedel und er waren die Einzigen ihrer Familie. In seinem Wohnort Leer in Ostfriesland gibt es eine Geschwister-
Weinberg-Straße, im Nachbarort und Geburtsort Weinbergs, Rhauder-
fehn, erhielt das Gymnasium seinen Namen. Der alte Mann fühlt dies
irgendwie alles mit einem Schlag entwertet. „Ich bin kein Politiker", sagt
Albrecht Weinberg dem Redaktions-Netzwerk Deutschland (RND),
„doch, was Friedrich Merz am Mittwoch im Bundestag durchgezogen
hat, ist unverzeihlich".

Bei mir hat sein Erfolg mit den Stimmen der AfD Urängste ausgelöst und so schnell wird mir eigentlich nicht mehr bange." Der 99-Jährige, der bis 2012 in den USA gelebt hatte und noch kurz vor ihrem Tod 2012 mit seiner Schwester in die ostfriesische Heimat zurückgekehrt war, konnte überhaupt erst im Alter von 87 Jahren darüber reden, was ihm und seiner Familie von den Nationalsozialisten in Deutschland angetan worden ist. Bis heute redet er vor Schülern und Azubis über sein Leben und das Sterben in den Lagern. Dafür hatte er das Bundesverdienstkreuz erhalten. „Ich bin traurig", sagt Weinberg, „aber auch wirklich wütend. Hoffentlich erhält Herr Merz, der ja Bundeskanzler werden will, mehr Gegenwind für seinen Kurs."

Wie Weinberg will auch der Mannheimer Fotograf Luigi Toscano sein

Bundesverdienstkreuz, das er 2021 von Steinmeier verliehen bekommen hatte, an den Bundespräsidenten zurückgeben. Der UNESCO-Artist for Peace ist durch sein inzwischen seit zehn Jahren laufendes Projekt „Lest we forget" und weltweite Ausstellungen von Porträts von Überlebenden auf öffentlichen Plätzen bekannt geworden. Gerade werden seine Porträts auf dem Mailänder Flughafen und an der Dresdener Frauenkirche gezeigt.

Verrat an der Demokratie

Toscano sagte dem RND: „Stunden vor der Abstimmung redet ein Holocaust-Überlebender in der Gedenkstunde des Bundestags über Verfolgung, Menschenfeindlichkeit und die Bedeutung von Demokratie und ihrer Bewahrung. Wenig später erzwingen Demokraten für eine reine Machtdemonstration eine Mehrheit mit Stimmen von Rechtsextremen. Und ausgerechnet beim Thema Migration, bei dem es auch um Verfolgung und Menschenfeindlichkeit geht. Das ist Verrat an der Demokratie."

Toscano, der in dieser Woche in Auschwitz war und Donnerstag mit einer ukrainischen Holocaust-Überlebenden ein früheres Kinder-KZ in Polen besucht hat, begründet die Rückgabe des Bundesverdienstkreuzes auch damit, dass er enttäuscht von den Parlamentariern der demokratischen Parteien sei. „Ich bin mir sicher, dass es Wege gegeben hätte, diese Abstimmung auf demokratische Weise zu verhindern.

Was soll ich den Holocaust-Überlebenden, die ich regelmäßig treffe, über den Zustand der Demokratie in Deutschland erzählen? Wie soll ich ihnen erklären, dass eine Partei, die künftig Deutschland regieren will, im Parlament mit Rechtsextremen stimmt? Tut mir leid, ich kann und will das nicht." Weinberg und der Fotograf haben ihre Rückgabe des Bundesverdienstkreuzes miteinander abgestimmt. Der 99-jährige Jude geht davon aus, dass weitere Überlebende Widerstand gegen die politische Vorgehensweise von CDU-Chef Friedrich Merz leisten werden. „In wenigen Wochen werde ich 100 Jahre alt", sagt Weinberg. „Vom Leben habe ich nicht mehr viel zu erwarten, aber das wird noch einmal ein Höhepunkt."

Der Exekutiv-Vizepräsident des Internationalen Auschwitz Komitees, Christoph Heubner, warnt. „Der Blick der Überlebenden auf Deutschland verdunkelt sich", sagte er dem RND am Donnerstag. Sie fühlten sich daran erinnert, wie es vor mehr als acht Jahrzehnten bei ihnen angefangen und wie es geendet hätte. „Und sie fragen sich, warum der Vorsitzende einer großen konservativen Partei, die bisher die Lehren aus der Geschichte des Holocaust und die Würde und die Lebensleistung der Holocaust-Überlebenden geachtet hat, plötzlich die Zusammenarbeit mit einer Partei für akzeptabel hält, die die Lehren aus der Geschichte des Holocaust auf den Müllhaufen bugsieren und die Erinnerungen und das Engagement der Holocaust-Überlebenden aus dem gesellschaftlichen Leben in Deutschland hinausdrängen will." <u>Schon einmal, so Heubner, hätte man in Deutschland geglaubt, Rechtsextreme einhegen, zähmen und benutzen zu können. „Die Folgen sind bekannt."</u>

Quelle:www.rnd.de/politik/aus-protest-gegen-merz-abstimmung-mit-der-afd-holocaust-ueberlebender-gibt-bundesverdienstkreuz-QJJ4ABAAHZF4TNNWP3PIEYCEKY.html

Die Altkanzlerin erinnerte Merz in einem Statement an dessen Versprechen, nicht <u>„auch nur ein einziges Mal</u> (…) eine zufällige oder tatsächlich herbeigeführte Mehrheit mit denen da von der AfD" zustande zu bringen. <u>Am Mittwoch hatte es Merz aber genau darauf angelegt</u> und die AfD-Stimmen billigend in Kauf genommen. Insofern sei es „natürlich verlogen und scheinheilig", wenn Merz nach der Abstimmung von Bedauern spricht: Und das ist ja auch die Erbärmlichkeit des Vorgehens. Die CDU hat im Prinzip eins zu eins abgeschrieben, was die AfD seit fünf Jahren fordert. So Wolfgang Schroeder Professor für Politikwissenschaft <

5. Kapitel: Die Rede.

Bei einer Gedenkveranstaltung der Jüdischen Gemeinde Frankfurt hat Kanzler Scholz eine Rede gehalten.

Am 27. Januar 2025 jährt sich die Befreiung des Konzentrations- und Vernichtungslagers Auschwitz zum 80. Mal. Bundeskanzler Olaf Scholz hat an einer Gedenkveranstaltung der Jüdischen Gemeinde Frankfurt teilgenommen. In seiner Rede gedachte er der Opfer des Nationalsozialismus und sprach darüber, was die Politik, <u>aber auch jede und jeder Einzelne für jüdisches Leben in Deutschland tun können.</u> (…)

„Antisemitismus und unverhohlene Menschenfeindlichkeit erfahren vielerorts eine erschreckende und alarmierende Normalisierung. Unrecht nicht zu dulden, das müsse auch heute Richtschnur sein, 80 Jahre nach der Befreiung von Auschwitz, so Kanzler Scholz. „Wir schauen nicht weg. Wir schauen hin und wir handeln, wenn Bürgerinnen und Bürger unseres Landes angefeindet werden, weil sie Jüdinnen und Juden sind", sagte er.

Gegen das Vergessen, für die Sichtbarkeit

Darüber hinaus müsse die Erinnerung an den von Deutschen begangenen Zivilisationsbruch der Schoah wachgehalten und jeder Generation in Deutschland immer wieder neu vermittelt werden. „Unsere Verantwortung hört nicht auf", betonte der Kanzler. Es gehe um die Vermittlung der historischen Wahrheit, der unzweifelhaften Fakten, denen sich jede und jeder in unserem Land stellen müsse.

Zugleich müsse jüdisches Leben in Deutschland als Selbstverständlichkeit begriffen und behandelt werden.

„Unser aller Anspruch – von dem wir niemals abrücken dürfen – muss sein, dass das jüdische Deutschland genauso selbstverständlich, genauso alltäglich ist wie das Deutschland jedes anderen Glaubens oder Nichtglaubens." Dazu gehöre auch die Sichtbarkeit des jüdischen Lebens in Deutschland.

Unrecht nicht zu dulden, nie mehr wegzuschauen, Nein zu sagen, das muss auch uns heute Richtschnur sein, 80 Jahre nach der Befreiung von Auschwitz. Gerade heute, wo Antisemitismus, Rechtsextremismus, völkisches Gedankengut, wo teils unverhohlene Menschenfeindlichkeit vielerorts eine erschreckende und alarmierende Normalisierung erfährt. Vor allem das Internet und soziale Netzwerke werden oft zu Durchlauferhitzern für extremistische Positionen, für Hass und Hetze – Hass, der nicht im Netz bleibt, sondern Bürgerinnen und Bürger, besonders oft Jüdinnen und Juden, real gefährdet.

Wenn wir also heute gemeinsam darüber sprechen, was die Politik für jüdisches Leben in Deutschland tut, dann muss die erste Antwort sein: Wir schauen nicht weg. Wir schauen hin und wir handeln, wenn Bürgerinnen und Bürger unseres Landes angefeindet werden, weil sie Jüdinnen und Juden sind.

Deswegen schützen unsere Sicherheitsbehörden die jüdischen Gemeinden. Deswegen bekämpfen wir in Deutschland konsequent jede Form von Antisemitismus, Terrorpropaganda und Menschenfeindlichkeit. Deswegen verfolgen wir mit den Mitteln des Strafrechts diejenigen, die Terrorismus unterstützen und antisemitisch hetzen. Deswegen haben wir im neuen Staatsangehörigkeitsrecht ganz klar geregelt, dass Antisemitismus einer Einbürgerung entgegensteht.

Und deswegen haben wir in der Europäischen Union mit dem Digital Services Act einen robusten Rechtsrahmen, um gegen Anbieter großer Online-Plattformen vorzugehen, wenn sie systematisch zur Verbreitung von Desinformation und Hassrede beitragen.

Die zweite Antwort muss sein, dass wir die Erinnerung an den von Deutschen begangenen Zivilisationsbruch der Schoah wachhalten und jeder Generation in unserem Land immer wieder neu vermitteln: Unsere Verantwortung hört nicht auf. Dabei geht es gerade heute – gegen jede Relativierung – um die Vermittlung der historischen Wahrheit, der unzweifelhaften Fakten, denen sich jede und jeder in unserem Land stellen muss, unabhängig von Herkunft, Familiengeschichte oder Religion.

Sechs Millionen ermordete Jüdinnen und Juden - getötet in Vernichtungslagern wie Auschwitz, Kulmhof, Belzec, Sobibor und Treblinka, ausgehungert in Ghettos und Arbeitslagern, umgekommen auf Todesmärschen, erschossen und erschlagen bei Massakern in mehr als 1.500 Städten, Kleinstädten und Dörfern in Osteuropa.

Und am 27. Januar gedenken wir auch alle anderen Opfer des Nationalsozialismus. Wir gedenken der ermordeten Sinti und Roma, der ermordeten politischen Gegner des NS-Regimes, der ermordeten Homosexuellen, der ermordeten Kranken, Behinderten und als sogenannte „Asoziale" Diffamierten. Wir gedenken der ermordeten Polinnen und Polen und der ermordeten sowjetischen Kriegsgefangenen.

80 Jahre nach der Befreiung von Auschwitz ist es wichtiger als je zuvor, diese Fakten klar auszusprechen und die richtigen Lehren daraus zu ziehen.

Ich trete jedem Schlussstrich, jedem „Lange her" entgegen. Auschwitz bleibt „eine brennende Wunde der Menschheit, ein sich auf ewig gen Himmel erhebender Schrei der Opfer". So schrieb es der Auschwitz-überlebende und spätere polnische Außenminister Władysław Bartoszewski noch kurz vor seinem Tod in einem Buch über seinen lebenslangen Einsatz für das Gedenken. Seinen Bericht schloss er mit einer Bitte und seiner Hoffnung im Namen aller Zeitzeugen: „Ich habe berichtet, Zeugnis abgelegt. Die letzten von uns gehen heim. Es bleiben unsere Geschichten – Ihr tätet gut daran, Schlüsse daraus zu ziehen."

Damit auch die nächsten Generationen, Kinder und Jugendliche von heute, die richtigen Schlüsse ziehen, gehört zur Vermittlung der historischen Fakten auch die Vermittlung von Empathie mit den Opfern. Die Schoah, das sind Millionen einzelne Geschichten, Schicksale voller Leid, Trauer und Verlust. Das waren Menschen wie du und ich – auch um diese Einsicht muss es bei unserer Erinnerungsarbeit gehen.

Diese Einsicht in einer Gesellschaft mit unterschiedlichsten Herkunftsgeschichten zu vermitteln, ist eine zentrale Aufgabe der Gedenkstätten und der Unterstützung des Bundes für deren Arbeit. Wir sind hier gemeinsam mit Ihnen, mit den Gedenkstätten und allen Beteiligten auf dem Weg zur Reform des Gedenkstättenkonzepts. Dieser Diskussionsprozess ist wichtiger als die Tagespolitik. Er wird sicherlich nicht in den kommenden Wochen des Wahlkampfes beendet sein, sondern auch in der nächsten Legislaturperiode weitergeführt werden müssen.

Die Aufgabe, Empathie zu vermitteln, steht auch im Fokus des Bundesprogramms „Jugend erinnert", das wir im vergangenen Jahr modernisiert und verstetigt haben.

Auf diese Perspektive legen wir großen Wert bei der vielfältigen Zusammenarbeit und bei der Unterstützung für Gedenkorte im In- und Ausland, die wir vonseiten des Bundes weiter ausbauen werden. In diesem Zusammenhang bin ich sehr froh, dass der Bund im vergangenen November den Förderbescheid zur Neugestaltung der hessischen „Euthanasie"-Gedenkstätte Hadamar erteilen konnte und so unter anderem die umfassende Modernisierung der Dauerausstellung unterstützen wird.

Ich möchte beim Thema Empathie bleiben und damit zum dritten Punkt kommen, nämlich was die Politik, aber was vor allem auch jede und jeder Einzelne für jüdisches Leben in Deutschland tun kann: nämlich es als Selbstverständlichkeit begreifen und behandeln. Dazu gehört Sichtbarkeit.

Das Chanukka-Fest, das Anfang des Monats zu Ende gegangen ist, ist dafür ein wichtiges Beispiel. Auch in diesem Jahr stand ein Chanukka-Leuchter unter anderem wieder auf dem Pariser Platz in Berlin. Hier in Frankfurt stand einer auf dem Opernplatz. Genau da gehören Sie hin, an die prominentesten Plätze unserer Städte – und keine feige Sachbeschädigung, wie es sie auch in diesem Jahr wieder gab, kann daran etwas ändern. Sie gehören in die Mitte unserer Städte als ein unmissverständliches Zeichen jüdischer Selbstverständlichkeit – der Selbstverständlichkeit, dass Chanukka zu Deutschland gehört, genauso wie Weihnachten und das Zuckerfest, dass Synagogen zu Deutschland gehören, wie Kirchen und Moscheen und dass wir in diesem Land untrennbar zusammengehören.

Unser aller Anspruch, von dem wir niemals abrücken dürfen, muss sein, dass das jüdische Deutschland genauso selbstverständlich, genauso alltäglich ist, wie das Deutschland jedes anderen Glaubens oder Nichtglaubens. Leider sind wir davon noch entfernt. Das ist und bleibt empörend.

Und ja, wir müssen Versäumnisse aufarbeiten. Es war naiv zu glauben, in einer Einwanderungsgesellschaft würden irgendwann schon alle die gleiche Perspektive auf unsere Geschichte einnehmen, nur weil sie hier wohnen. Ich finde es gut, dass die Kultusministerkonferenz anlässlich des Jahrestags des brutalen Terrorangriffs der Hamas auf Israel im vergangenen Oktober noch einmal bekräftigt hat, den Umgang mit Antisemitismus, Judentum, jüdischer Geschichte und jüdischer Gegenwart – dazu gehört natürlich auch der Staat Israel – in allen Schulfächern, die dafür infrage kommen, zu verankern. Das muss nun auch schnell geschehen.

Lassen Sie mich an dieser Stelle kurz aufgreifen, was alle meine Vorredner gesagt haben und was richtig ist. Ich bin froh, dass jetzt drei Geiseln freigelassen worden sind. Ich habe immer wieder mit den Angehörigen der von der Hamas Entführten gesprochen, auch in Israel, und ich kann sagen: Es ist sehr bedrückend, diese Gespräche zu führen. Deshalb ist es ein Zeichen der Hoffnung, dass auch die übrigen Geiseln freikommen und dass diejenigen, die gestorben sind, ausgeliefert werden, sodass die Angehörigen Abschied nehmen können. Aber es bleibt eine bittere Wahrheit, dass ein furchtbarer Terrorangriff Ursache all dieses Leids ist, ein Terrorangriff, der das Ziel der Entmenschlichung hatte. Darauf war er ausgerichtet. Das dürfen wir niemals vergessen.

Ich habe über die Aufklärung an den Schulen gesprochen. Diese Art von Aufklärung ist weiterhin bitter nötig, in Schulen genauso wie in Universitäten, Ausbildungsbetrieben, Integrationskursen und im ganz normalen Alltag. Ich weiß, viele jüdische Gemeinden, auch hier in Frankfurt, wollen das unterstützen, bieten Synagogenführungen an und organisieren Informationsveranstaltungen. Ich kann Lehrerinnen und Lehrer, Ausbilderinnen und Ausbilder nur ermutigen und bitten: Nehmen Sie mit Ihren Schülern und Auszubildenden solche Angebote an! Wir gehören zusammen. Sprechen wir miteinander, nicht übereinander!

Das ist hier in Frankfurt schon deswegen ein Muss, weil man diese Stadt kaum ohne ihre fast 900 Jahre alte jüdische Geschichte und ihre feste Verbindung zum Judentum verstehen kann. Der Oberbürgermeister hat darauf hingewiesen. Hier in Frankfurt war eines der Zentren des Reformjudentums. Hier wirkten bekannte Rabbiner aller religiöser Richtungen. Viele Institutionen wie die Goethe-Universität oder die „Frankfurter Allgemeine Zeitung" gehen auf jüdische Gründung zurück. Selbst die nationalsozialistische Verfolgung, selbst Vertreibung und der Mord an mindestens 12.000 Frankfurter Jüdinnen und Juden konnte diese Verbindung nicht zerstören. Wie tief auch die emotionale Beziehung zu dieser Stadt war und ist, das lässt sich vielleicht an der ergreifenden Geschichte von Rabbiner Dr. Leopold Neuhaus erahnen, die Frau Rabbinerin Klapheck in einer Publikation aus dem vergangenen Jahr erzählt hat. Nachdem er, der Rabbiner der Vorkriegsgemeinde, fast drei Jahre im Konzentrationslager Theresienstadt überlebt hatte, war Dr. Neuhaus dringlichster Wunsch, nach der Befreiung so schnell wie möglich nach Frankfurt zurückzukehren, um die Gemeinde wieder aufzubauen.

Der letzte Rabbiner Frankfurts in der Zeit der Shoa wurde damit für eine kurze Zeit auch der erste Rabbiner danach. Schon Anfang Mai 1945 hatte er in einem Brief um Unterstützung beim Transport für ihn und die weiteren Überlebenden aus Frankfurt gebeten. Sie alle würden - Zitat - sehnsüchtig darauf warten, von hier aus in die Heimat zu kommen. Heimat, was für ein Wort!

„Auf Leben" haben sie als Motto der Feierlichkeiten zum 75. Jubiläum der offiziellen Neugründung im vergangenen Jahr gewählt. In diesem Titel steckt eine so treffende Beschreibung der Geschichte der Gemeinde seit 1949. Aus dem langsamen Wiederaufleben nach dem Menschheitsverbrechen der Shoa mit anfänglich 800 Mitgliedern, die vielfach auf gepackten Koffern saßen, hat sich eine der größten und lebendigsten jüdischen Gemeinden Deutschlands entwickelt, eine Gemeinde, der es gelungen ist, innerhalb weniger Wochen nach dem Beginn des russischen Angriffskrieges gegen die Ukraine ein Willkommenszentrum für ukrainische Geflüchtete aufzubauen, die seit Kriegsbeginn mehr Ukrainerinnen und Ukrainer und Frauen und Männer aus der ehemaligen Sowjetunion als Mitglieder aufgenommen hat, als jede andere jüdische Gemeinde, eine Gemeinde, die bei der Integration Geflüchteter weiterhin Großes leistet, und eine Gemeinde, die mit der Eröffnung der Jüdischen Akademie um ein bedeutendes intellektuelles Zentrum bereichert wird. Ich bin sehr froh, dass wir als Bundesregierung einen Beitrag leisten können, um dieses große Projekt zu realisieren. Ich bin mir sicher: Diese Akademie in der Tradition des jüdischen Lehrhauses von Franz Rosenzweig wird eine große Strahlkraft entwickeln und ein lebendiger und sichtbarer Ort der Debatte für Frankfurt und weit darüber hinaus werden.

Das ist ein Grund zur Freude und noch ein Grund, um im Sinne des Mottos der Feierlichkeiten des vergangenen Jahres auf das Leben anzustoßen, auf das jüdische Leben hier in Frankfurt, das so selbstverständlich zu dieser Stadt gehört, wie der Römer oder die Eintracht. Jüdisches Leben, das ist Frankfurt. Jüdisches Leben, das ist Deutschland, das sind wir. Das bleibt, 80 Jahre danach, und das werden wir weiterhin mit aller Kraft verteidigen, jeden Tag."

Quelle:www.bundesregierung.de/breg-de/aktuelles/kanzler-gedenkt-befreiung-von-auschwitz-2330876

Was von Tage übrigblieb: Ernüchterung

Deutschland schneidet in einer Antisemitismus-Studie 2024 unter 13 EU-Ländern wieder am schlechtesten ab und bei rassistischen Übergriffen liegt die Bundesrepublik im Spitzenfeld.

Auch 2025 wird sich, so wie es aussieht, nichts ändern, denn die Politik fordert und verspricht zwar viel, handelt jedoch nicht.

Angst, Demütigungen und Hass werden also weiterhin der Alltag vieler sein.

„Es ist frustrierend und unerträglich immer wieder von den staatlichen Institutionen enttäuscht zu werden",
so eine Betroffene anlässlich einer Gedenkrede des Bundespräsidenten Steinmeier, bezüglich des Anschlags von Hanau am 19. 2. 2020

„Die Leute sollten wissen, dass die AfD nicht die Erlösung ist, sondern ihr Untergang." So eine AfD-Aussteigerin

Dem gibt es nichts mehr hinzuzufügen.

Und die Moral von der Geschicht' ?

„Wir müssen lernen, als Brüder miteinander zu leben, oder wir werden als Narren untergehen".
Martin Luther King Jr.
Geb. am 15. Jan 1929, ermordet am 4. April 1968

Epilog: Die Demokratie, ein Irrläufer der Politik?

Kommen wir als erstes zum Faktencheck.

Fakt ist, dass laut Statistik nur ca. 45 % der Weltbevölkerung in sog. Demokratien leben.

Fakt ist, dass davon nur ca. 8 % stabile Demokratien sind, darunter Deutschland. (NOCH! Die AfD lässt grüßen.)

Fakt ist, dass die anderen ca. 37 % Wackelkanidaten sind, darunter auch die USA (siehe Trump und sein „Projekt 2025/Agenda 47") sowie etliche in Europa. >Apropos Trump: Man kann von diesem „Kotzbrocken" halten, was man will, aber wäre der 2022 President gewesen und nicht Biden, hätten wir heute keinen Krieg in Europa.<

Fakt ist: Viele Demokratien verlieren an Boden: Erstmals seit 2004 verzeichnet unser Transformationsindex (BTI) mehr autokratische als demokratische Staaten. Von 137 untersuchten Ländern sind nur noch 67 Demokratien, die Zahl der Autokratien steigt auf 70.

Fakt ist: 2024 befanden sich nur noch 17 Länder in einem Prozess der Demokratisierung, was einem Anteil von lediglich 4 Prozent der Weltbevölkerung entspricht. Unterdessen hat die dritte Welle der Autokratisierung 25 Länder erfasst, in denen ein Drittel der Weltbevölkerung lebt. Wie gravierend die heutige Situation ist, wird noch deutlicher, wenn man die schon oben angeführte Tatsache berücksichtigt, dass auch wirtschaftlich starke G−20-Nationen wie etwa Indien, Brasilien oder die USA von der dritten Welle der Autokratisierung betroffen sind. Diese dritte Welle hat zu einem beispiellosen Zusammenbruch von 36 demokratischen Regierungssystemen geführt und mehr als 700 Millionen Menschen den Zugang zu demokratischen Institutionen gekostet.

Hierbei ist außerdem zu beachten, dass nur 22 Prozent jener Länder, die seit dem Jahr 1900 Prozesse der Autokratisierung durchlaufen haben, einen Zusammenbruch ihrer demokratischen Institutionen abwenden konnten. Anders gesagt: Sobald ernsthafte Autokratisierungsprozesse einsetzen, „sterben" mehr als drei Viertel (78 Prozent) aller betroffenen Demokratien.

Die vorangegangenen Abschnitte zeichnen also ein ernüchterndes Bild vom heutigen Zustand der Demokratien. Weltweit sind die Demokratien auf dem Rückzug. Zu langsam, zu träge, keine schnellen klaren Entscheidungen keine Führungsstärke, keine Orientierung. Darüber hinaus haben viele Menschen das Vertrauen in demokratische Systeme längst verloren, weil es zu viele Enttäuschungen, wie Glaubwürdigkeit und Korruption gibt, was zu einer destruktiven Stimmung, Frust und Politikverdrossenheit führt. Immer mehr Staaten, auch in Europa, werden demzufolge autokratisch regiert oder sind auf dem Weg. Tendenz steigend. Die Erosion demokratischer Normen, die zunehmende Macht der Exekutiven sowie abnehmende Medienfreiheit sind weltweite Symptome einer dritten Welle der Autokratisierung,

Fazit: Die meisten Historiker und Politologen sind sich einig, dass in ein paar Jahrzehnten die Autokraten die Welt beherrschen. Dafür sei keine äußere Macht verantwortlich, die Auflösung käme stattdessen von innen.

Die Demokratien werden dann geopolitisch, wenn überhaupt, nur noch die 2. Geige spielen.

Quellen: Eigene Recherchen, sowie Auszüge www.wzb.eu/de/artikel/autokratisierung-und-ihre-folgen

Quellenverzeichnis

www. wikipedia.de

www.zeit.de/wissen/geschichte

www.dw.com/de/antisemitismus-2024

www.geschichte-abitur.de

www.zdf.de/wissen

www.deathcamps.org

www.bundesregierung.de

www.afd.de

www.spiegel.de/geschichte

www.volksverpetzer.de

www.ndr.de/geschichte

www.holocaust.com.

www.dora.de

www.planet-wissen.de

www.gutezitate.com

www.gutefrage.net

www.fragdenstaat.de

www.encyclopedia.ushmm.org

www.rnd.de/politik

www.dw.com/de/afd-verbieten

www.archive.org

www.wzb.eu/de

Fernsehsender: HISTORY, DIE WELT, Dokumentationen: „Die Hölle von Ausschwitz" sowie Hitler und seine Gehilfen, hier Wernher von Braun. 3SAT „Sterbende Demokratien" Aufstieg der Populisten. Dokumentarfilm: Der Röhm-Putsch

Bei Einzelbildern handelt es sich um Bilder der Zeitgeschichte gemäß § 23 UrhG

Hinweis zum Foto auf S. 146.: Die Erstveröffentlichung war in der „taz" Es darf laut der Entscheidung des Landgerichts Erfurt weiterhin veröffentlicht werden. Höckes Einspruch wurde vom Thüringer OLG abgewiesen.

Peter Sohler

Bestie Mensch

Die Geschichte des Menschen ist die seiner Grausamkeit.

Nicht einmal seine Kinder verschont er.

Inhaltsverzeichnis

Peter Sohler

Das Reich des Bösen

Die Geschichte Europas ist die seiner Kriege

Historische Ereignisse die tief blicken lassen und die
Antworten auf viele Fragen.

Inhaltsverzeichnis

Peter Sohler

Das Narrenschiff

Ereignisse der Menschheit die tief blicken lassen und
die Antworten auf viele Fragen

*Glaub nicht, wir seien Narren allein, wir haben Brüder groß und
klein, in allen Landen allzumal ist endlos unsere Narrenzahl".*
Sebastian Brant 1494

Das Buch des Autors Sebastian Brant (1457–1521), mit dem Titel DAS NARRENSCHIFF, das eine Betrachtung über die menschlichen Schwächen und die Kritik des Zeitgeistes zum Inhalt hat, ist bereits 1494 erschienen und wurde ein internationaler Bestseller. Brant lässt keinen Bereich des Lebens und des Wissens aus, dem nicht eine Kategorie der Narretei zugeordnet werden könnte, als Auswuchs närrischer Unvernunft. Regierende bekommen gute Ratschläge und vor dem nahen Weltende wird gewarnt. Das Schlusskapitel stellt diesem Reigen von Narren den Weisen als Ideal vernünftiger Lebenshaltung gegenüber.

Bis auf den heutigen Tag griffen Künstler das Werk auf für eigenständige Produktionen; so fertigte zum Beispiel Hans Holbein der Jüngere als 17-Jähriger eine Serie für die Randzeichnungen in Erasmus' *Lob der Torheit* an. Auch der Maler Hieronymus Bosch behandelte das Thema des Narrenschiffs in einem seiner Gemälde. Ehingen an der Donau setzte seinem bekanntesten Bürger Sebastian Locher 2002 ein Narrenschiff-Denkmal. Das Narrenschiff wurde auch in der Musik thematisiert, unter anderem in dem gleichnamigen Lied von Reinhard Mey auf seinem Album *Flaschenpost* von 1998.

Ich denke, es war nun an der Zeit für ein Sequel dieses Klassikers, denn die Protagonisten der heutigen Gesellschaft unterscheiden sich keinster Weise von den damaligen.

Inhaltsangabe

Peter Sohler

Game Over

Depression 156, Mobbing -Terror, perfide Ereignisse und
die Antworten auf viele Fragen.

„Sei dir deiner Kräfte und Möglichkeiten bewusst.
In dir steckt so viel mehr, als du ahnst."
Konfuzius

Ein Buch, das das Leben schrieb.

Ich erzähle hier über die wissenschaftlichen Erklärungen hinaus eine autobiografische, nicht alltägliche Geschichte und meinen Weg aus der Hölle meines innersten Ichs. Eine Erzählung über Ängste, Verzweiflung und Grenzerfahrungen, aber auch über Hoffnung, wertvolle Freundschaften, schicksalhafte Begegnungen und die wahre große Liebe. Es ist ein Buch mit Denkansätzen und ich möchte darin Einsichten teilen, die objektiv verstanden und wenn Sie möchten, subjektiv umgesetzt werden können, denn Depression und Mobbing sind leider immer noch Themen in unserer Gesellschaft. Meine Expertise ist meine Erfahrung, denn ich hatte mit beiden zu tun und der Unterschied zwischen Theorie und Praxis war erschreckend. Es enthält Eindrücke und Erkenntnisse meiner Coolness und meiner Scham. Ich erzähle, wie oft ich nass wurde, wenn ich versuchte, zwischen den Regentropfen zu tanzen. Ein Buch, das Betroffenen in ähnlichen Situationen Mut machen soll, denn es gibt viele Stellschrauben, an denen man drehen kann, egal in welcher Situation man ist. Nicht aufgeben ist das Thema und weiterkämpfen, auch wenn einem das Leben manchmal alle Widrigkeiten um die Ohren schlägt und man am Ende des Tunnels einfach kein Licht mehr sehen kann. Gib alles und niemals auf, denn das Leben ist zu wertvoll, um es wegzuwerfen.

JEDE*R kann es schaffen. JEDE*R

Inhaltsverzeichnis

Vorwort

Quellen: Eigene und andere Patienten-Erfahrungen, sowie Gespräche mit Ärzten und Recherchen in Internet wie Wikipedia, YouTube etc.